노을빛 인생, 문학으로 다시 피어나다

- 세 편의 세계문학이 들려주는 노년기의 삶과 회복 -

노병일 지음

KNOWLEDGE COMMUNITY 공동체

| 머리말 |

노년기는 인간의 삶에서 마지막에 있는 시기입니다. 대부분의 인간은 노년기를 맞이하기에, 노년기를 슬기롭게 보내는 것이 중요합니다. 특히, 오늘날에는 인간의 수명이 늘어남에 따라서 노년기가 길어지고 있어, 노년기를 슬기롭게 보내는 것이 더욱더 중요해지고 있습니다.

그러나 노년기에는 신체적 영역, 정신적 영역, 인지적 영역, 기타 영역에서 어려움을 겪을 가능성이 큽니다. 이런 탓에, 노년기 삶에는 어려움이 많을 수 있습니다. 그러므로 노년기에 질 좋은 삶을 유지하기 위해서는 노년기에 겪는 상황을 잘 알 필요가 있습니다. 이와 더불어, 노년기의 어려움을 이겨내는 데 도움이 되는 자원이나 방안도 잘 알 필요가 있습니다.

이것은 현재의 노인에게뿐만 아니라 젊은 사람에게도 해당합니다. 왜냐하면 젊은 사람도 언젠가는 노인이 되기 때문입니다. 따라서 젊은 사람이 노년기의 상황을 잘 알고 또한 노년기의 어려움을 헤쳐 나가는 데 유리한 자원이나 방안을 잘 아는 것은, 나중에 높은 수준의 삶의 질을 누리는 데 도움이 됩니다.

노년기 삶을 실감 나게 아는 방법의 하나는 예술 작품(특히 문학 작품)을 통하는 것입니다. 이 중에서 소설은 작가의 경험이나 상상력을 통해서 인간이 노년기에 겪거나 겪을 삶을 잘 보여줍니다. 왜냐하면 노인이 주요한 인물로 나오는 소설은 노년기 삶을 폭넓고 현실감 있게 보여주는 훌륭한 사례가 되기 때문입니다.

이에, 이 책에서는 노년기(노인)를 주제로 한 세 편의 유명한 소설을 노년기 삶과 관련시키며 살펴봅니다. 세 편의 소설은 노년기의 어려운 상황을 보여주지만, 한편으로 노년기의 어려운 상황을 현명하게 대처하는 데 도움을 주는 자원과 방안도 보여줍니다. 그 결과, 세 편의 소설은 노년기 삶이 반드시 불행하고 우울한 것은 아니라는 점을 우리에게 보여줍니다.

이 책은 크게 3부로 구성되어 있습니다.

제1부(Part 01)에서는 소설과 노년기 삶에 대해 다룹니다.

제2부(Part 02)에서는 세 편의 소설을 중심으로 노년기 삶에 대해 자세히 살펴봅니다.

제3부(Part 03)에서는 세 편의 소설에서 노년기 삶을 슬기롭게 보내기 위해 제시하는 지혜를 정리합니다.

노년기를 현재 맞이하고 있거나 앞으로 맞이할 독자분께 이 책이 노년기 삶을 이해하고 노년기를 슬기롭게 헤쳐 나가는 데 조금이나마 도움이 되기를 바랍니다.

마지막으로, 이 책을 세상에 내어주신 김동훈 공동체 사장님과 공동체 가족 여러분께 깊은 감사의 말씀을 드립니다.

2025년 11월에 칠순을 맞으며

노병일

[붙이는 말]

- 이 책은 문학 작품에 대한 평론(문학 평론)이 아니라, 문학과 사회복지가 만나는 조그만 시도임을 밝힙니다. 그리고 이 책에서는 삽화 작업 이외는 AI(인공지능)를 전혀 사용하지 않았음을 밝힙니다.
- 저자는 이 책에 실린 세 편의 소설 각각에 대해 학술논문 형식으로 발표한 바 있습니다. 이 책은 이 논문들을 참고하되, 학문적인 부분은 많이 생략하였고, 자료는 많이 보완하였으며, 표현은 쉬운 문체로 많이 바꾸었음을 밝힙니다.
- 이 책에서 살펴보는 소설에서 나오는 어려운 단어(한글 번역)에 대한 설명은 <국립국어원 표준국어대사전>의 내용을 그대로 옮기거나 참고하였음을 밝힙니다.

| 차 례 |

PART

1

세 편의 소설과 노년기 삶

제1장
소설과 노년기 삶

노년기에는 여러 가지 어려운 상황을 많이 경험하게 된다. 예를 들어, 노년기에는 소득을 얻을 기회, 일할 기회, 친구와 교류할 기회가 줄어들거나 없어지므로, 노인은 어려움을 더 겪을 가능성이 크다. 그리고 이런 상황은 노인 개인에게뿐만 아니라 사회와 국가에도 어려움을 유발할 가능성이 크다. 이에 따라서 많은 사람은 노년기의 어려움을 이해하고 이를 슬기롭게 이겨내는 데 관심을 가진다.

노년기에 겪는 어려운 상황과 이를 이겨내는 데 도움이 되는 자원과 방안을 이해하기 위해서는 여러 자료를 참고할 수 있다. 말할 것도 없이, 이와 관련해 학문적인 자료는 큰 도움이 될 수 있다. 그러나 학문적인 자료는 전문가를 대상으로 하는 경우가 많으므로 노년기의 상황을 일반인에게 '생생하고 실감 나게' 보여주는 데는 한계가 있다.

이때, 문학 작품은 노년기의 상황을 실감 나게 이해하는 데 큰 도움이 된다. 왜냐하면 문학 작품은 인간이 살아온 흔적을 구체적으로 보여주기 때문이다. 그리고 문학 작품에서는 현재 벌어지지 않은 상황에 대해 자유롭게 상상의 날개를 펼칠 수 있다. 따라서 문학 작품은 현실 세계에서 찾을 수 없는 좋은 사례를 실감 나게 보여줄 수도 있다.

이는 소설에도 그대로 해당한다. 특히, 줄거리가 짜임새 있고 전개가 매끈한 소설은 복지와 관련된 영역에서 생생한 사례가 된다. 따라서 노년기와 관련된 소설은 노년기의 상황을 보여주는 좋은 사례가 될 수 있다. 그 결과, 노년기와 관련된 소설은 노년기 삶을 구체적이고 현실감 있게 이해하는 데 큰 도움을 준다. 무엇보다도, 노년기와 관련된 소설은 작가의 체험과 상상이 합해져서 노년기에 겪는 어려움, 대처 방안, 기타 측면을 이해하는 데 큰 도움을 줄 수 있다.[1)]

1) 어느 학자는 사회문제에 접근하는 방식의 하나로 문학 작품을 포함한 예술 작품을 이용하는 것을 꼽은 바 있다(노병일, 2022). 이것은 노년기 삶과 관련된 문제(즉, 노인 문제)에도 그대로 해당한다.

제2장
노년기 삶과 관련된 세 편의 소설

노년기의 상황을 실감 나게 이해하기 위해서, 이 책에서는 노년기(노인)를 다룬 세 편의 소설을 살펴본다. 이 책에서 살펴보는 세 편의 소설은 베르나르 베르베르(Bernard Werber)의 단편소설인 <황혼의 반란(La Dernière Révolte)>, 어니스트 헤밍웨이(Ernest Hemingway)의 장편소설인 <노인과 바다(The Old Man and the Sea)>, 팀 보울러(Tim Bolwer)의 장편소설인 <리버보이(River Boy)>이다.

이 책에서 다루는 세 편의 소설은 노년기에 겪는 어려움을 공통으로 보여준다. 그리고 세 편의 소설은 노년기 삶에서 지지하고 지지받는 측면이 중요하다는 점을 공통으로 보여준다. 따라서 노년기에 겪는 어려움이나 이와 관련된 기타 측면에서, 세 편의 소설 내용은 일부 중복될 수 있다.

그러나 이 책에서 다루는 세 편의 소설은 서로 다른 작가가 서로 다른 주제를 가지고 독자적으로 펼쳐 나간 것이다. 따라서 각 소설은 노년기의 서로 다른 측면에 주목하며, 노년기와 관련해 나름의 특별한 측면을 보여준다.

우선, <황혼의 반란>에서는 노년기의 어려운 삶을 보여준다. 무엇보다도, <황혼의 반란>에서는 노인이 많아짐에 따라 사회에서 노인을 부정적으로 인식하고 배척하는 상황을 보여준다. 그러므로 <황혼의 반란>에서는 노년기의 어려운 상황을 극단적으로 보여준다.

다음으로 <노인과 바다>에서는 노년기의 끈끈한 삶을 보여준다. 무엇보다도, <노인과 바다>에서는 노년기에 지지하고 지지받는 것의 중요성과 노인의 자신감을 보여준다.

이어서 <리버보이>에서는 노년기의 이어지는 삶을 보여준다. 무엇보다도, <리버보이>에서는 노년기의 끝에 맞이하는 죽음과 이것을 다음 세대가 이어가는 측면을 보여준다.

앞에서 제시한 바와 같이, 이 책에서 다루는 세 편의 소설은 노년기의 어려운 삶, 끈끈한 삶, 다음 세대로 이어지는 삶을 보여준다. 그러면서 동시에, 세 편의 소설은 노년기의 어려움을 슬기롭고 끈끈하게 이겨내는 데 도움이 되는 자원이나 방안도 보여준다.

결국, 이 책에서 다루는 세 편의 소설은 노년기의 상황을 잘 이해함으로써 노년기를 지혜롭게 살아가는 데 도움을 줄 것이다.

PART

2

세 편의 소설을 통해 본 노년기 삶

제3장
베르베르의 〈황혼의 반란〉
- 노년기의 어려운 삶과 회복 -

1. 들어가며

오늘날 많은 선진국에서 나타나는 현상의 하나는 인구 고령화(population aging)이다. 인구 고령화는 전체 인구에서 노인이 차지하는 비율이 높아지는 것을 말하는데, 이는 사회의 거의 모든 영역에 영향을 미친다.

말할 것도 없이 인구 고령화는 노인과 관련해 여러 가지 문제를 낳는다. 무엇보다도 국가(정부)와 사회가 노인을 돌보는 데 드는 비용을 부담하는 것과 관련된 문제를 유발한다. 왜냐하면 노인에게 경제적으로 안정된 생활을 보장해 주는 비용과 노인을 사회적·의학적으로 돌보는 비용이 많아지기 때문이다. 따라서 인구 고령화는 재정 문제를 유발할 가능성이 크다. 또한 노인복지와 관련된 비용은 아무래도 젊은 층이나 현재 일하는 층이 부담하는 경우가 많으므로, 인구 고령화는 세대 갈등을 유발할 가능성이 크다.

인구 고령화 탓으로 발생하는 복지 재정 문제와 이에 따른 세대 갈등 때문에, 사회는 노인을 매우 싫어하고 차별하는 방향으로 나아갈 수도 있다. 거기에다가 매우 좋지 않은 여러 상황이 겹치면, 국가는 멀쩡한 노인을 시설에 임의로 수용하는 식의 조치를 취할 수도 있다.

물론 이런 상황은 인간의 윤리에 너무나 어긋나는 것이어서, 미래에 이런 상황이 발생할 것이라고 상상하는 것은 끔찍하다. 하지만 인구 고령화가 유발하는 문제는 매우 심각해서, 인구 고령화가 가져오는 결과를 그 누구도 자신 있게 예측하기는 어려울 것이다.

인구 고령화 때문에 생기는 최악의 상황은 노인을 사회에서 불필요한 존재로 생각해 노인을 수용해서 죽이는 것이다. 물론 이런 상황은 현재로서는 상상조차도 할 수 없을 정도로 끔찍하다. 그러나 인간이 결코 합리적인 존재가 아니라는 점을 고려하면, 이런 상황이 앞으로 전혀 오지 않는다고 확신하기도 어려울 것이다.

이와 관련해, 프랑스 작가인 베르베르(Werber)가 쓴 <황혼의 반란>은 복지 재정 문제 때문에 노인에 대해 부정적으로 인식하는 상황을 극단적으로 잘 보여준다. <황혼의 반란>에서는 국가가 노인을 수용하고 죽이는 상황과 이에 노인이 대항하는 상황을 실감 나게 보여준다. 특히 복지 재정에 대한 부정적 인식의 등장과 진전, 노인의 격리와 살해, 노인의 이에 대한 투쟁을 숨 가쁘게 보여준다.

2. 〈황혼의 반란〉과 관련된 이론적 측면

1) 노인의 상황과 주요한 노인 보호 체계

(1) 노인의 상황

노년기에는 여러 영역에서 상실(loss)을 경험하게 된다. 문자 그대로, 상실은 어떤 것이 없어지는 것을 말한다.

상실은 모든 인간의 삶에서 항상 나타나지만, 노년기에는 더 잘 나타나는 경향이 있다. 그리고 나이가 더 많아질수록, 여러 가지 상실을 동시에 겪을 가능성은 더 커지게 된다(노병일, 2025a).

노년기에 겪는 상실에는 여러 가지 형태가 있다.

노년기에 겪는 주요한 상실

노년기에 겪는 상실의 형태를 몇 가지 제시하면 다음과 같다(노병일, 2025a).

① 생리적 상실 : 이것은 듣는 능력, 머리카락, 근육, 목소리와 같은 것의 상태가 더 좋지 않게 되는 것을 말한다. 나이가 듦에 따라서 생리적 상실은 훨씬 더 심각해진다.

② 관계의 상실 : 이것은 배우자나 친구가 사망하거나, 다른 사람과 교류하지 못하게 되는 것을 말한다.

③ 활력과 일자리와 지위의 상실 : 이것은 활동할 수 있는 능력과 힘이 줄어들고, 일자리를 그만두고, 사회적 지위가 없어지는 것을 말한다.

④ 경제적 상실 : 이것은 경제적 능력이 없어지는 것을 말한다.

⑤ 기능의 상실 : 이것은 일상생활에서 역할을 제대로 하지 못하는 것을 말한다.

상실은 신체적 건강과 정신건강에 매우 부정적인 영향을 미친다. 따라서 노년기의 상실은 노인의 삶의 질에 매우 부정적인 영향을 미친다. 그 결과, 가족과 사회는 노인을 보호하는 체계를 나름대로 갖추려 한다.

(2) 주요한 노인 보호 체계

노인을 보호하는 체계에는 여러 가지가 있다. 노인을 보호하는 체계는 노인에게 사회적 지지(social support)를 제공하는 체계라고 볼 수 있다. 일반적으로 사회적 지지는 개인의 욕구를 충족하기 위해 제공하는 다양한 도움과 관계를 말한다(노병일 · 모선희, 2007).[1]

노인 보호 체계는 사회적 지지를 비공식적으로 제공하느냐 또는 공식적으로 제공하느냐에 따라서 비공식적 보호 체계와 공식적 보호 체계로 구분할 수 있다.

① 비공식적 보호 체계

노인에 대한 비공식적 보호 체계는 노인에게 비공식적인 형태의 사회적 지지를 제공하는 것을 말한다. 노인에 대한 비공식적 보호 체계의 예로 가족이 노인을 도와주는 것이 있다.

---

1) 사회적 지지에 대해서는 <노인과 바다>를 다루는 제4장에서 자세히 설명한다.

② 공식적 보호 체계

노인에 대한 공식적 보호 체계는 노인에게 공식적인 형태의 사회적 지지를 제공하는 것을 말한다. 노인을 비공식적으로 충분히 보호하지 못할수록, 노인을 공식적으로 보호하는 체계가 더 중요해진다. 이때, 국가나 사회는 공식적인 사회복지 제도를 통해 노인을 공식적으로 보호할 수 있다.

오늘날 노인과 관련된 대표적인 사회복지 제도는 '사회보장(social security)'이다(노병일, 2020). 일반적으로 사회보장은 실업・질병・재해 때문에 수입이 없어질 때 이런 수입을 대신하고, 나이가 들어 퇴직하는 것에 대비하고, 가족구성원이 사망하였기 때문에 생계를 유지하지 못하는 것에 대비하고, 특별한 비용(예컨대, 출생・사망・결혼과 관련된 비용)을 부담하기 위해 소득을 보장해 주는 것을 말한다(Beveridge, 1942). 한 마디로, 사회보장은 인간이면 누구나 사회에서 겪을 수 있는 어려움에 대비하는 제도를 말하는데, 이런 어려움을 '사회적 위험(social risk)'이라고 부른다.

그러므로 노인뿐만 아니라 모든 사회구성원은 사회보장의 대상이 된다. 즉, 오늘날 사회보장은 모든 사람에게 공식적인 사회적 지지를 제공하는 주요한 보호 체계가 된다.

그러나 사회보장의 주요한 프로그램은 노인과 관련되는 경우가 많다. 사회보장의 여러 프로그램 중에서 노인과 크게 관련되는 프로그램은 연금 프로그램, 의료보험[2] 프로그램, 노인장기요양보험 프로그램이다(노병일, 2020). 연금 프로그램은 노령이나 장애로 퇴직하였거나 사망하였을 때 개인이나 유족에게 정기적으로 현금을 제공하는 프로그램을 말한다. 의료보험 프로그램은

2) 우리나라에서는 의료보험을 '건강보험'이라고 부른다.

사회구성원에게 의료 영역에서 건강과 관련된 복지 자원을 제공하는 프로그램을 말한다. 노인장기요양보험 프로그램은 신체적 · 정신적 장애 때문에 기본적인 일상생활을 하는 데 도움이 계속 필요한 노인에게 오랜 기간 다양한 서비스를 제공하는 프로그램을 말한다.

2) 인구 고령화와 이에 따른 문제

(1) 인구 고령화와 새로운 사회적 위험

선진국에서 인구 고령화는 빠른 속도로 진행되고 있다. 따라서 오늘날에는 전통적인 사회적 위험(old social risk)에[3] 더해서 '새로운 사회적 위험(new social risk)'이 등장하고 있다. 새로운 사회적 위험은 오늘날의 사회구성원이 살면서 부닥치는 새로운 위험을 말한다. 이때, 새로운 사회적 위험과 관련되는 경향의 하나로, 노인이 절대적 · 상대적으로 많아지는 것이 있다(노병일, 2021).

3) 이것을 '옛 사회적 위험'이라고 부른다.

(2) 인구 고령화에 따른 문제

① 비공식적 보호 체계의 약화

노인 인구가 많아지는 상황에서는 비공식적 보호 체계가 중요하다. 과거에는 비공식적 보호 체계가 노인을 돌보는 역할을 주로 맡아 왔다. 그러나 오늘날에는 가족구성원(특히 자녀)이 노인을 돌보는 사례는 빠른 속도로 줄어들고 있다. 이와 더불어, 가족구성원이 노인 부양에 대해 가지는 의식도 약해지고 있다. 그 결과, 오늘날 노인에 대한 비공식적 보호 체계는 약해지고 있으며, 특히 자녀에 의한 비공식적인 보호 체계는 크게 약해지고 있다.

② 사회보장 재정의 악화

노인에 대한 비공식적 보호 체계가 약해짐에 따라 공식적 보호 체계가 노인에게 더 중요해지고 있다. 따라서 사회보장 프로그램을 이용하는 노인이 더욱더 많아지고 있다.

하지만 이런 상황은 사회보장에 심각한 재정 문제를 유발한다. 사회보장에서 노인과 관련해 발생하는 재정 문제는 연금 영역과 의료 영역에서 특히 심각하게 나타난다. 실제로 대부분의 선진국에서는 연금 영역에서 비용을 많이 지출하고 있다. 여기에다 노인을 위해 의료 영역과 장기요양 영역에서도 비용을 많이 지출하고 있다. 그러므로 인구 고령화 때문에, 납부하여야 하는 세금이나 보험료를 더 늘려야 하는 상황을 맞이하고 있다. 게다가 출산율이 낮아짐에 따라서, 사회보장의 재정 문제는 더 심각해지고 있다(노병일, 2020).

③ 세대 갈등과 노인 차별

인구 고령화 때문에 발생하는 재정 문제를 모든 사람이 만족하는 방식으로 해결하는 방안은 없는 것으로 알려져 있다. 따라서 누군가는 복지에 대한 비용을 부담하여야 하는데, 이때 가장 많이 부담할 세대는 젊은 층이 될 가능성이 크다. 이런 탓에, 사회복지 영역에서의 재정 문제는 세대 갈등을 유발할 수 있다. 실제로 미국에서 젊은 층을 대상으로 조사한 결과, 나중에 연금을 받을 것이라고 믿기보다는 차라리 미확인비행물체

(UFO)를 더 믿겠다는 응답이 많은 것으로 나타난 바도 있다(노병일, 2002).

비용 부담과 관련된 갈등은 매우 민감하므로, 재정과 관련된 갈등은 정치 문제가 될 가능성이 크다. 물론 선거를 통해 정치인을 뽑는 제도에서는, 정치인은 수가 많은 노인층의 지지를 얻기 위해 노인을 위한 정책 방안을 제시하고 노인의 편에 설 수 있다. 따라서 사회에 노인이 많으면 선거에서 표가 많으므로, 노인과 관련된 영역에서 복지를 축소하자고 드러내놓고 주장하기 어렵다.

그렇지만 어떤 상황이 생기면, 정치인은 노인이 아닌 층을 더 중요하게 생각하면서 노인 편을 떠날 수도 있다. 이런 상황의 예로 복지의 재정 문제가 전적으로 노인 탓이라는 인식이 사회 전체에 널리 퍼져 있고, 보수적인 이데올로기를 가진 정치인이 권력을 잡고 있고, 힘이 있는 조직이 젊은 층에 붙어 자기 세력을 확대하려고 하고, 노인이 집단으로서 가지는 힘이 크게 약해지는 경우를 들 수 있다. 이때, 정치인은 상황을 자신에게 정치적으로 유리하게 이용해서 노인을 위한 복지를 줄이려고 할 수 있다.

한편, 노인 때문에 다른 세대(특히 젊은 층)가 복지 비용을 매우 많이 부담한다고 믿는 사람이 사회에 많을수록, 사회에서 노인을 차별할 가능성은 커지게 된다. 물론, 이때 노인 차별에 대해서는 겉으로 보기에 그럴싸한 이유를 제시할 가능성이 크다.

노인 차별은 나이(연령) 차별의 하나인데, 나이 차별은 노인을 증오하거나, 제도나 법에서 노인을 차별하는 식으로 이어질 수 있다. 또한 노인에 대한 증오가 심해지면, 노인은 비생산적이고 불필요한 존재라고 인식하면서 노인을 사회에서 격리하려는 움직임이 나타날 수도 있다. 그리고 매우 극단적인 경우, 사회에서 쓸모가 전혀 없고 재정 부담만 크게 유발하는 것으로 판단되는 노인은 없애자는 주장이 나올 수도 있다.

3) 인구 고령화에 따른 문제의 해결 방안

(1) 연대 의식 형성

현재로서는 인구 고령화 때문에 노인에 대한 복지 비용이 많이 드는 문제를 이상적으로 해결하는 방법은 없는 것으로 알려져 있다.[4] 따라서 복지의 재정 문제에 대해서는 사회구성원이 서로 연대 의식을 갖는 것이 중요하다.

하지만 재정 문제는 젊은 층이나 현재 일하는 층이 복지 비용을 부담하여야 하는 상황과 관련되는 경우가

---

4) 이에 대해서는 앞에서 설명한 바 있다.

많아, 세대 사이에 연대 의식을 갖는 것은 쉬운 일이 아니다.

이때, 세대 사이에 함께 많이 활동하고 교류하면, 노인의 장점을 이해할 가능성이 커지게 된다. 이것은 아동이나 청소년에게 특히 그렇다. 그러므로 세대 사이에 연대 의식을 더 형성하기 위해서는, 세대 사이에 함께 더불어 사는 법을 배우거나 함께 활동하는 프로그램을 자주 실시할 필요가 있다. 특히, 어린 시기부터 연대 의식을 형성하기 위해서는, 아동·청소년과 노인이 서로 교류하는 프로그램을 자주 실시할 필요가 있다. 이런 프로그램의 예로 '세대통합 프로그램(intergenerational program)'이 있다(노병일, 2025b).

(2) 노인에 대한 인식 개선

복지와 관련된 재정 문제가 심각해지는 배경에는, 노인은 사회에서 생산적인 존재가 아니라 젊은 층이 납부하는 세금을 축내는 존재라는 인식도 많이 깔려 있다. 그러므로 이런 인식을 없애기 위해서는, 사회에서 노인은 쓸모 없는 존재가 아니라 사회에 이득이 되는 존재라는 점을 교육하고 홍보할 필요가 있다.

(3) 노인의 단결

노인들끼리 단결하는 것은 노인들의 힘을 키워서 노인을 보호하는 데 이바지할 수 있다. 실제로 일부 노인 세력은 우리나라의 대통령 선거 과정에서 노인의 권리를 보호하는 정당을 만들고 대통령 후보를 내세운 바도 있다(한국방송공사, 2002). 이런 정치 활동은 노인이 권리를 더 당당하게 누리게 하는 데 유리할 수 있다. 왜냐하면 정상적인 민주주의 사회에서는 노인의 표를 얻기 위해 정치인이 노인에게 관심을 많이 가질 가능성이 크기 때문이다.

그러나 노인의 단결에는 한계가 있다. 사회에 노인이 많다고 해도, 노인을 지지하고 노인에게 자원을 제공하는 젊은 조직이나 세력이 없으면, 노인의 운동은 성공하기 어려울 수 있다.

3. 〈황혼의 반란〉의 작가와 작품 및 줄거리

1) 〈황혼의 반란〉의 작가와 작품

(1) 작가

＜황혼의 반란＞의 작가는 베르나르 베르베르(Bernard Werber)이다. 베르베르는 1961년에 프랑스의 툴루즈(Toulouse)에서 태어나, 법학을 전공하였고 국립 언론학교에서 언론학을 배웠다.

베르베르는 대학교를 졸업한 후 언론인으로 활동하면서 과학 잡지에 개미와 관련된 글을 발표해 왔다. 그러다가 1991년에 『개미』를 발표하면서 세계의 독자들을 사로잡으며 '프랑스의 천재 작가'로 등장하였다(『나무』 속표지).

(2) 작품

<황혼의 반란>은 베르베르의 단편소설 모음집 『나무』에 들어 있는 작품이다. 『나무』의 원래 제목은 『가능성의 나무(L'Arbre des Possibles)』이고, 더 길게는 『가능성과 기타 이야기의 나무(L'Arbre des Possibles et Autres Histoires)』이다.

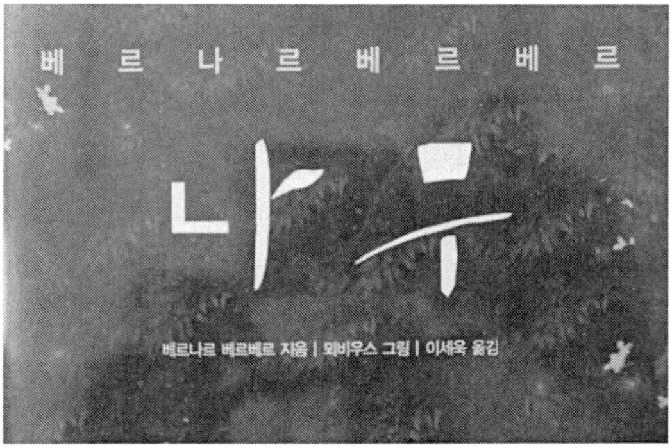

『나무』에는 20편의 소설이 들어 있으며(Wikipédia, 2025), 발간된 후 곧바로 베스트셀러 1위에 올랐다(『나무』 속 표지).

<황혼의 반란>의 프랑스어 제목은 <마지막 반란(La Dernière Révolte)>이다(Wikipédia, 2025).

La dernière révolte

Les vieux retraités sont des personnes qui coûtent trop cher à l'État et il faut donc « s'en débarrasser ». À cette fin, le Centre de Détente Paix et Douceur a été créé. Cependant, les personnes concernées par cette mesure refusent de s'y plier et c'est ainsi que certaines personnes âgées se réfugient dans un lieu sûr afin de continuer à vivre. D'autres personnes âgées vont alors les rejoindre et grâce à leur nombre de plus en plus nombreux, ils décident d'en libérer encore d'autres, et même de régulariser leur situation afin qu'elle ne soit plus une gêne et un obstacle pour quiconque. Hélas, leurs actions vont être réduites à néant.

2) 〈황혼의 반란〉의 줄거리

<황혼의 반란>의 줄거리는 다음과 같다.[5]

〈황혼의 반란〉의 주요한 인물

<황혼의 반란>의 주인공은 노인인 프레드이다. 이 외에, 프레드의 부인인 뤼세트, 프레드의 이웃에 사는 풀트랑 부부, 도망친 프레드 일행과 함께 있는 노인들이 등장한다. 그리고 노인들을 잡는 일을 하는 휴식·평화·안락 센터(CDPD) 대원도 등장한다.

나이가 든 프레드 부부는 '휴식·평화·안락 센터(CDPD)'의 차가 자신들을 잡으러 오는 것을 본다. 최근 들어서 사회보장의 재정 문제를 노인들 탓으로 돌리는 분위기가 형성되어, 곳곳에서 노인을 차별하고 멀리하

5) 좀 더 자세한 줄거리는 '나무위키'나 기타 인터넷 자료를 참고하면 된다.

는 상황이 나타나던 터이다. 이런 분위기 속에서 정부는 휴식·평화·안락 센터를 만들었다. 이 센터는 자식이 돌보지 않기로 한 노인을 끌고 가는데, 끌려간 노인은 나중에 약물 주사로 죽임을 당한다는 소문이 돌고 있었다.

프레드는 이런 상황을 알기에, 2층에서 자기 부인과 함께 뛰어내린다. 그러고 나서 프레드 부부는 자신들을 잡으러 운전석을 비운 대원들 몰래 센터 차에 올라탄다. 차 안에는 이미 여러 명의 노인이 실려 있다. 프레드는 차를 몰고 산속으로 들어가고, 거기에서 노인들은 동굴을 발견하여 나름대로 생활을 이어 나간다.

프레드의 탈출 소식을 들은 많은 노인은 각자 필요한 물품과 장비를 가지고 프레드에게 찾아온다. 이제 프레드는 나름의 체제를 갖추고 작은 사회를 꾸려 나간다. 그러면서 프레드 일행은 노인 자원을 쓸모 있게 이용하고 사람들 사이의 유대를 강조하는 내용을 담은 전단(안내문)을 배포하고, 휴식·평화·안락 센터가 가둔 노인들을 구하려고 노력한다.

그러나 프레드 일행은 정부의 공격에 허무하게 무너진다. 정부가 프레드 일행이 있는 지역에 독감 바이러스를 뿌린 것이다. 결국 일부 노인은 사망하고, 나머지 노인들은 사로잡힌다. 사로잡힌 프레드는 약물 주사를 놓는 젊은이에게 "너도 언젠가는 늙은이가 될 게다."라는 말을 남기고 죽었다는 소문이 돈다.

4. 〈황혼의 반란〉에 나타난 노인 상황과 인구 고령화에 따른 문제 및 해결 방안

1) 노인의 상황과 주요한 보호 체계

(1) 노인의 상황

<황혼의 반란>에서는 노인이 상실을 겪음에 따라 여러 영역에서 어려움을 겪는 상황을 잘 보여준다. <황혼의 반란>에서 노년기의 취약함을 잘 보여주는 영역은 외모 영역, 신체적 건강 영역, 정신건강 영역이다.

① 외모의 취약

노화에 따른 대표적인 상실은 '싱싱함'이 줄어드는 것이다. 따라서 노년기에는 노화에 따라 외모에서 취약할 수밖에 없다. 이런 탓에, 노인에게 겉으로 가장 먼저 드러나는 상실의 하나는 피부가 탄력을 잃는 것이다.

<황혼의 반란>에서도 이와 관련된 장면이 나온다. 프레드 일행이 산으로 도망친 후 어느 정도 자리를 잡아가고 힘을 얻자, 프레드는 휴식 · 평화 · 안락 센터에 갇힌 노인들을 자유롭게 해주고자 한다. 이를 위해, 가장 활동적인 노인들이 나서서 휴식 · 평화 · 안락 센터에 갇혀 있는 노인의 자식들로 행세한다. 따라서 프레드 일행의 노인들은 "젊은이처럼 옷을 입고 머리를 염색했으며 가짜 신분증을 소지하였다"(<황혼의 반란>, 93쪽). 그러나

> 당국은 잘못을 뉘우쳤다고 주장하는 자녀들이 갑자기 늘어나는 것을 석연치 않게 생각했다. 그래서 부모를 다시 데리러 오는 모든 사람에게 우선 손부터 보여줄 것을 요구하였다. 얼굴이나 복장으로는 나이를 속일 수 있어도 손으로는 나이를 속일 수

없다는 게 그들의 생각이었다.(<황혼의 반란>, 93쪽)

이런 상황은 노년기에 신체에서 겉으로 바로 드러나는 '탄력 상실'을 비극적으로 보여준다.

② 신체적 건강의 취약

인간은 신체적 영역에서 자연스러운 노화 과정을 거치므로, 노인은 신체적 건강이 취약할 수밖에 없다. 이런 상황은 <황혼의 반란>에서도 드물지 않게 나타난다.

우선, <황혼의 반란>에서는 처음에 버스에 갇혔던 노인들이 프레드의 도움으로 탈출해서 산속의 숲으로 피신하는데, 일부 노인은 신체적 건강과 관련된 불안을 표현한다. 이것은 노인이 신체적 건강에서 취약함을 보여준다. 예를 들어, 어느 노인은 "내 맥박 조절기의 건전지가 다 되어가고 있어."라며 불안해하고, 어느 노인은 "나는 항생제 투여 요법을[6] 받고 있어요."라며 불안해한다(<황혼의 반란>, 85쪽).

또한 노인이 신체적으로 취약하다는 점은 <황혼의 반란>의 마지막 장면에서 잘 찾아볼 수 있다. <황혼의 반란>에 따르면, 정부는 프레드 일행의 반란을 끝내기 위한 대책을 내놓는데, 그 대책은 "어떤 영웅적인 계략으로[7] 반란자들이 어쩔 수 없이 투항하게 만드는 것이 아니라, 그저 독감 바이러스를 이용하는 것이었다"(<황혼의 반란>, 95쪽). 이런 사실은 정부가 노인이 신체적 건강에 취약하다는 점을 약삭빠르게 이용하고 있음을 보여준다.

---

6) 항생제 투여 요법은 약을 환자가 먹게 하거나 주사하는 것을 말한다.

7) 계략은 "어떤 일을 이루기 위한 꾀나 수단"을 말한다(표준국어대사전).

실제로, 산속으로 들어간 프레드 일행을 없애거나 붙잡기 위해 헬리콥터에서 독감 바이러스를 뿌렸을 때, 노인들은 독감 바이러스에 매우 취약한 상태에 놓이게 된다. 물론, 독감 바이러스와 접촉하는 것은 젊은 사람에게도 위험하지만, 신체적으로 취약한 노인에게는 더욱더 위험할 수밖에 없다. <황혼의 반란>에 따르면, 헬리콥터에서 독감 바이러스를 뿌리자, 프레드의 부인이 가장 먼저 목숨을 잃는다. 그러고 나서 사망하는 노인이 "갈수록 늘어났다"(<황혼의 반란>, 95쪽). 그리고 독감 바이러스를 뿌린 지 3주 후 경찰이 살아남은 노인을 잡으려고 출동하였을 때, 경찰은 노인들로부터 "어떤 저항에도 맞닥뜨리지 않았다"(<황혼의 반란>, 95쪽). 이런 상황 역시, 노년기에는 신체적 건강이 취약함을 보여준다.

③ 정신건강의 취약

노인은 여러 가지 상실을 경험하고 신체적 건강이 좋지 않게 되므로, 정신건강도 취약해질 가능성이 크다. 우선, 노인은 나이가 들면서 자신감이 줄어들 가능성이 크다. 예를 들어, <황혼의 반란>에서 프레드가 노인들이 갇혀 있는 차를 산 쪽으로 몰고 가서 중간에 차를 세우자, 한 노인이 "만세!" 하고 외치고, 이어서 거기에 있던 노인들도 만세를 외친다. 그러나 한 노인만은 불안에 떤다. <황혼의 반란>에서는 이때의 장면을 다음과 같이 그린다.

> 다만 80세의 한 남자 노인은 예외였다. 랑글루아라는 이름의 그 쪼글쪼글한 노인이 말했다.

“우리가 앞으로 살면 얼마나 산다고.”(<황혼의 반란>, 83쪽)

이런 상황은 노년기에는 정신건강이 취약함을 보여준다.

(2) 노인을 위한 주요한 보호 체계

① 비공식적 보호 체계

노인에 대한 주요한 비공식적 보호 체계는 자녀 지지이다. <황혼의 반란>에는 노인들이 자녀에 대해 기대하는 바가 곳곳에 나타나 있다. 예를 들어, 휴식·평화·안락 센터 대원이 주인공인 프레드 부부를 데려가려고 집에 찾아와서 초인종을 누르자, 프레드 부부는 “아냐, 아냐. 그럴 리가 없어. 우리 자식들은 절대로 [휴식·평화·안락 센터 대원들이] 오게 내버려두지 않을 거요.”라며(<황혼의 반란>, 76쪽) 놀란다. 이런 상황은 자녀가 제공하는 비공식적인 사회적 지지에 대한 노인의 기대가 큼을 보여준다.

또한 다음과 같은 상황도 노인이 자녀가 제공하는 비공식적인 사회적 지지를 굳게 믿음을 보여준다.

그날이 오기 전까지 프레드는 설마 그런 일이 있으랴 하고 생각했다. 다른 집 자식들은 다 그래도 자기네 자식들은 절대 그렇지 않을 것이라고 믿었다.(<황혼의 반란>, 77쪽)

② 공식적 보호 체계

노인에 대한 주요한 공식적 보호 체계는 사회보장이다. <황혼의 반란>에서도 '사회보장'이라는(<황혼의 반란>, 77쪽) 용어가 나온다. 그리고 의사들의 약 처방에 대한 이야기가 나오는데(<황혼의 반란>, 77쪽), 이것은 사회보장의 주요한 프로그램인 의료보험(건강보험)과 밀접하게 관련된다.

2) 인구 고령화에 따른 문제

(1) 비공식적 보호 체계의 약화

① 현실

노인에 대한 주요한 비공식적 보호 체계인 자녀 지지가 약해지고 있음은, <황혼의 반란>의 곳곳에 나타난다. 예를 들어, 자녀 지지가 약해지거나 없어지고 있음은 프레드 부부가 자신들이 아는 노인 부부(세누와 나누)가 끌려간 것에 대해 “벌써 3주 전부터 세누와 나누에게서 아무 소식이 없어요. 사람들 얘기가 자식들이 소식을 끊고 나서 얼마 지나지 않으면 그들이 온다던데.”라고(<황혼의 반란>, 76쪽) 이야기하는 데서 찾아볼 수 있다. 즉, 자신이 아는 노인들의 자식이 부모와 연락을 끊은 것이다.

그리고 휴식・평화・안락 센터 대원들이 프레드 부부를 잡으러 오는 것을 설명하는 다음과 같은 장면도, 노인에 대한 비공식적 보호 체계가 약해짐을 잘 보여준다.

> 프레드는 분노로 몸을 떨고 있었다. 결국 그들의 자식들도 부모를 버린 셈이었다. 그들의 사랑하는 아들딸마저도 부모를 CDPD[휴식・평화・안락 센터]에 넘기고 말았다는 얘기였다.(<황혼의 반란>, 77쪽)

또한 프레드 부부가 자기 집에서 도망치기 일주일 전에 프레드 부부와 친구(풀트랑) 부부는 풀트랑의 집에서

모인 적이 있는데, 이때 풀트랑은 노인 배척 법률에 대해 다음과 같이 이야기한다.

> "말세예요. 말세. 어떤 집 자식들은 늙은 부모를 나무에 묶어 놓고 바캉스를 떠나기까지 한대요. 부모가 따라나서지 못하게 하려고 말이에요. 그래서 늙은이들이 며칠 동안 먹지도 못하고 악천후에 방치된다는 거예요. 그러다가 결국은 센터로 가게 되는 거지요."(<황혼의 반란>, 80쪽)

이런 상황은 노인에 대한 비공식적 보호 체계가 크게 무너졌음을 비극적으로 보여준다.

② 비공식적 보호 체계 약화의 이유

오늘날 노인에 대한 비공식적 보호 체계가 약해진 이유에는 여러 가지가 있다. <황혼의 반란>에서는, 노인에 대한 비공식적 보호 체계가 약해진 이유는 사회에서 젊음을 떠받들기 때문이라고 본다. 예를 들어, 프레드 일행이 초기에 산속에서 자리를 잡아가는 과정에서 프레드는 노인 여성과 다음과 같은 대화를 나누는데, 여기에서 프레드는 노인에 대한 비공식적 보호 체계가 약해진 이유와 이에 따른 아쉬움을 구체적으로 설명한다.

> [...] 한 노파가 사람들을 둘러보며 말했다.
> "세상이 어쩌다 이렇게 된 거죠? 우리는 우리 부모들에게 그런 식으로 행동한 적이 없는데…."
> 프레드가 노파의 말을 잘랐다. [...]
> "[...] 젊음을 숭배하는 시대 조류에[8] 우리 자식들이 세뇌되었다는[9] 것은 여러분도 잘 아실 겁니다.

---

8) 조류는 시대의 흐름을 말한다(표준국어대사전).

9) 세뇌는 "사람이 본디 가지고 있던 의식을 다른 방향으로 바꾸게 하거나, 특정한 [생각을] 따르도록" 하는 것을 말한다(표준국어대사전).

우리 자녀들은 육체의 아름다움에 너무 집착합니다. 몸무게를 줄이고 주름살을 없애는 것을 하나의 신앙 행위처럼 여기고 체조나 조깅을 신성한 의무로 생각합니다. 그렇게 몸을 가꾸고 젊음을 유지하는 데에만 몰두한 나머지 그들은 바보가 되어가고 있습니다. 우리를 제거함으로써 자신들의 젊음이 영원히 유지될 것이라고 생각하는지 모르지만, 그건 참으로 큰 착각이죠."(<황혼의 반란>, 87쪽, 89쪽)

(2) 사회보장의 재정 문제와 이에 따른 방안

① 사회보장의 재정 문제

노인이 많아지는 것은 사회보장에서 재정 문제를 유발하는 것으로 알려져 있다. 따라서 인구 고령화는 사회보장에서 재정 문제를 심각하게 유발할 가능성이 크다. 실제로 <황혼의 반란>에서도, 정치인이 노인을 부정적으로 인식하게 된 것은 "한 사회학자가 텔레비전 저녁 뉴스에 나와서 사회보장의 적자는 대부분 70세 이상의 노인들 때문에 생긴다는 사실을 증명해"(<황혼의 반란>, 77쪽) 보인 데 있다고 밝힌다.

사회보장에서 재정 문제를 유발하는 영역의 하나는 의료 영역이다. 노인이 병원과 약국을 자주 이용해서 의료비가 올라가므로, 사회보장에서 재정 문제가 나타난다는 것이다. 이와 관련해 <황혼의 반란>에서도, 정치인들은 "[...] 의사들이 너무 쉽게 약을 처방한다고 비난하였다. 의사들이 공익은 뒷전으로 돌리고 고객을 잃지 않기 위해 마구잡이로 노인들의 생명을 연장시키고" 있다고(<황혼의 반란>, 77~78쪽) 밝힌다.

② 사회보장의 재정 문제에 따른 방안

현재로서는 사회의 모든 층이 만족하는 방식으로 사회보장의 재정 문제를 해결하는 방안은 존재하지 않는다. 따라서 사회보장의 재정 문제를 해결하려는 방안은 일부 층에게 부정적인 영향을 미칠 수밖에 없다. 특히, 이런 방안은 취약한 층의 신체적·정신적 삶에 매우 부정적인 영향을 미칠 수도 있다. 심지어 이런 방안은 취약한 층의 생명을 단축하거나 생명을 위협하는 방식으로 영향을 미칠 수도 있다.

<황혼의 반란>에서는 사회보장의 재정 문제를 해결하는 방안으로 복지 예산을 줄이는 것, 의료 서비스 이용을 제한하는 것을 제시한다. 물론 이런 방안은 노인에게 매우 부정적인 영향을 미칠 가능성이 크다.

가. 복지 예산의 축소

사회보장의 재정 문제를 해결하는 방안의 하나는 사회보장의 예산을 줄이는 것이다. 이런 상황은 <황혼의 반란>에서도 잘 나타난다. <황혼의 반란>에서는 학자들이 사회보장의 재정 문제가 나이 든 노인 탓이라고 하자, "학자들의 분석이 나온 지 얼마 되지 않아 대폭적인 예산 삭감이 이어졌다"고(<황혼의 반란>, 78쪽) 밝힌다.

또한 정부는 노인과 큰 관련이 있는 영역에서 예산을 줄이는 구체적인 방안으로 인공 심장의 생산을 중단시키고, 피부 · 신장 · 간을 대신할 수 있는 품목을 개발하기 위한 프로그램들을 중단하였다고 밝힌다(<황혼의 반란>, 78쪽).

나. 의료 서비스 이용 제한

사회보장의 재정 문제를 해결하는 방안의 하나는 의료 서비스를 무료로 이용하거나 낮은 비용으로 이용하는 것을 제한하는 것이다. 이런 상황은 <황혼의 반란>에서도 잘 나타난다. 예를 들어, <황혼의 반란>에서는 대통령이 노인을 부정적으로 인식하는 내용을 담은 발표를 한 후 실시한 방안을 다음과 같이 밝힌다.

> [...] 70세 이상의 노인들에 대해서 약값과 치료비의 지급을 제한하는 조치가 취해졌다. 75세부터는 소염제에[10] 대해 환급을 받을 수 없게 되었고, 80세부터는 치과 치료에 대해, 85세부터는 위장 치료에 대해, 90세부터는 진통제에 대해 환급을 받을 수 없게 되었다. 또 100세 이상의 노인들은 누구를

10) 소염제는 아픈 곳을 치료하고 방지하는 약을 말한다(표준국어대사전).

막론하고 무료 의료 서비스를 일절[11] 받을 수 없게 되었다.(<황혼의 반란>, 78쪽)

(3) 세대 갈등과 노인 차별

① 세대 갈등

정치인들은 선거에서 노인의 표를 얻기 위해 처음에는 노인을 지지하는 경우가 많다. <황혼의 반란>에서도 “정부는 처음에 노인들을 지지했다. 입에 발린 소리일지언정 [정부는] 노인 공경의[12] 미덕을[13] 저버리지 않았다”고(<황혼의 반란>, 77쪽) 밝힌다.

그러나 특정한 상황에 이르면, 정치인들은 여러 가지 측면을 고려하면서 노인에 대한 지지를 그만둘 수도 있다. 예를 들어, <황혼의 반란>에서는 어느 학자가 사회보장의 적자가 나이 든 노인 때문이라고 언론에서 증명하자, 정치인들은 노인을 지지하는 입장에서 노인을 공격하는 입장으로 바꾼다. 즉, 정치인들은 “노인

---

11) 일절은 “아주, 전혀, 절대로”를 말한다(표준국어대사전).
12) 공경은 “공손히 받들어 [모시는 것]”을 말한다(표준국어대사전).
13) 미덕은 “아름답고 갸륵한” 행동을 말한다(표준국어대사전).

배척 운동의 전선에[14] 생긴 그 돌파구를[15] 이용하여 [...] [노인에 대한] 공격에 가세하였다"[16](<황혼의 반란>, 77쪽).

정치인들과 정부의 중요한 인물이 노인을 부정적으로 인식하게 되면, 노인에 대해 부정적인 인식을 정당하게 만들기 위해 여러 가지 홍보를 하고 주장을 펼치는 방향으로 나아갈 수 있다. 예를 들어, <황혼의 반란>에서는 이와 관련해 대통령의 생각을 다음과 같이 밝힌다.

> 대통령은 신년 담화를[17] 통해 "노인들을 불사의[18] 로봇으로 만들 수는 없습니다. 생명에는 한계가 있고 그 한계는 존중되어야 합니다"라고 선언했다.

---

14) 전선은 "정치 운동이나 사회 운동 따위[에서] 직접 투쟁하는 일"을 말한다(표준국어대사전).

15) 돌파구는 "부닥친 장애나 어려움 따위를 해결하는" 첫 부분을 말한다(표준국어대사전).

16) 가세는 힘을 보태는 것을 말한다.

17) 담화는 "한 단체나 공적인 자리에 있는 사람이 어떤 문제에 대한 견해나 태도를 밝히는 말"을 말한다(표준국어대사전).

18) 불사는 죽지 않는 것을 말한다.

그러면서 노년기와 극노년기의[19] 국민들은 생산하지 않고 소비만 함으로써 국가가 민심에 반하는[20] 세금을 부과하게 하고, 프랑스 사회가 퇴보하는 듯한 이미지를 주고 있다고 주장했다. 요컨대, 나라의 모든 경제 문제가 노인의 증가와 연결되어 있음이 명백해지고 있다는 얘기였다.(<황혼의 반란>, 78쪽)

한편, 정치인들과 기타 주요한 인물들이 노인을 부정적으로 인식할수록, 세대 사이의 갈등은 더 심각해지는 방향으로 나아갈 수밖에 없다.

---

19) 극노년기는 노년기 중에서도 나이가 가장 많은 시기를 말한다.
20) '민심에 반하는' 것은 국민이 원치 않는 것을 말한다.

② 노인 차별과 노인 증오

정치인들이 노인을 부정적으로 인식하고 노인의 부정적인 측면을 크게 공개적으로 드러내면, 사회의 여러 영역에서도 노인에 대해 부정적인 이미지를 형성할 가능성이 크다. <황혼의 반란>에서는 이와 관련된 극단적인 사례를 잘 보여준다. 예를 들어,

> 광고 제작자들은 그런 흐름에 편승하여[21] 역사에 길이 남을 '반노(反老)'[22] 캠페인으로 정치인들의 뒤를 따랐다. 노인을 비하하고 배척하는 광고 문구가 처음으로 나타나는 것은 어떤 개먹이 광고에서였다. 이 광고에는 한 노인과 개가 등장한다. 노인이 개밥 그릇에 담긴 먹이를 훔치려고 하자, 개가 송곳니를 드러내며 으르렁댄다. 그러면서 "플리키,[23] 바로 당신의 할아버지가 꿈꾸는 먹이입니다"라는 문구가 나타난다. 그즈음에 보건복지부에는 이런 말이 들어간 포스터가 나붙었다. "65세는

---

21) 편승은 "세태나 남의 세력을 이용하여 자신의 이익을 [거두는 것]"을 말한다(표준국어대사전).

22) 반노는 노인을 반대하는 것을 말한다.

23) 플리키는 개먹이 상품을 말한다.

괜찮아요. 70세요? 손해의 시작이죠!"(<황혼의 반란>, 79쪽)

또한 <황혼의 반란>에서는 "레스토랑 문에서 '70세 이상 출입 금지'라는 팻말을 발견하는 것은 드문 일이 아니었다. 행여[24] 반동분자로[25] 몰리게 될까 봐 이제 아무도 노인들을 옹호하려 들지 않았다."고(<황혼의 반란>, 79쪽) 밝힌다.

결국, <황혼의 반란>에 따르면, "노년의 이미지는 점차 사회의 모든 부정적인 요소와 결합되었다. 인구 과밀,[26] 실업, 세금 등이 모두 '자기들 몫의 회전이 끝났음에도 회전목마를 떠나지 않고 있는 노인들' 탓이 되어 버렸다"(<황혼의 반란>, 79쪽). 이렇게 되면, 노인에 대한 부정적인 이미지가 더욱더 퍼지게 된다. 그리고 이것은 노인에 대한 차별로 이어질 가능성이 크고, 더

---

24) 행여는 "어쩌다가 혹시"를 말한다(표준국어대사전).

25) 반동분자는 옛 체제를 유지하거나 회복하기 위해 새로운 체제에 반대하여 행동하는 사람을 말한다(표준국어대사전).

26) 과밀은 "인구나 건물, 산업 따위가 한곳에 지나치게 집중되어" 있는 것을 말한다(표준국어대사전).

나아가서는 노인에 대한 증오로 이어질 가능성이 크다. 결국, 젊은 층이 노인은 사회에서 전혀 쓸모없고 자신들에게 부담만 지우는 존재라고 인식할 가능성이 커지게 된다.

한편, 노인을 부정적으로 인식하는 것에 대해 노인이 자기 권리를 주장하며 나서면, 보수적 정치인이 권력을 잡은 정부는 노인을 더 차별하는 방향으로 나아갈 수도 있다. 이런 점은 <황혼의 반란>에서도 나타난다. 예를 들어, 프레드 일행의 힘이 더 커지고 안정되자, 정부는 이에 대해 더 강하게 밀어붙이는 방향으로 나아간다. 구체적으로

> 정부는 물러서기는커녕, 점점 더 강경한 정책으로 빠져 들어갔다. 60세 이상의 노인에게는 노동이 금지되었고, 자녀들에게는 부모를 지원하는 것이 금지되었다.(<황혼의 반란>, 94~95쪽)

그러다가 노인에 대한 부정적 인식이 더 커져서 노인이 진짜로 쓸모없고 오히려 사회에서 비용을 축내는 존재라고 인식하면, 노인을 사회에서 제거하는 극단적인 방향으로 나아갈 수도 있다.[27] <황혼의 반란>에서는 정부가 노인을 달콤한 말로 선전해서 끌어들인 후 나중에 죽이는 상황을, 뤼세트(프레드의 부인)과 풀트랑(프레드의 친구) 사이의 다음과 같은 대화를 통해 간접적으로 보여준다.

> [뤼세트의 말] "광고에서 주장하기로는 노인들에게 여행을 시켜 준다고 하던데요. 타이며 아프리카며 브라질 등지로 놀러 가게 해준다면서요."
> 그 말에 풀트랑 씨가 코웃음을 쳤다.
> "그건 공식적인 선전일 뿐이에요. 정부가 그렇잖아도 우리 때문에 돈이 너무 많이 든다고 불평하는

27) 적어도 이론적으로는 그렇다.

판에 우리에게 외국 여행까지 시켜 줄 리가 있겠어요? [휴식 · 평화 · 안락 센터]에서 무슨 일이 벌어지고 있는지에 관해서 뭔가 짚이는 게 있어요. 내 생각은 정부가 선전하는 것보다 훨씬 더 비관적이에요. 뻔한 거 아니에요? 그저 우리 늙은이들에게 … 주사나 놓겠지요."

"그게 무슨 뜻인가요?"

"그들은 우리를 없애 버리기 위해 독극물 주사를 놓고 있어요."

"설마요! 그건 너무…."

"그들이 우리를 곧바로 제거한다는 얘기는 아니에요. 얼마 동안은 우리를 데리고 있죠. 우리 자식들이 생각을 바꿀 경우에 대비해서 말이에요."

"하지만 노인들이 바보가 아닌 이상 자기들에게 주사를 놓는 데 그냥 가만히 있겠어요?"

"그들이 독감 예방주사를 놓는다며 노인들을 속이는 거죠."(<황혼의 반란>, 81쪽)

이런 상황은 '현대판 고려장'과[28] 같은 이야기가 아닐 수 없다.

---

28) 고려장은 "주로 나이 든 노인을 다른 지역이나 나라 따위에 버려두고 오는 일"을 말한다(표준국어대사전).

3) 인구 고령화에 따른 문제의 해결 방안

<황혼의 반란>에서는 노인과 관련된 문제를 해결하는 프로그램을 설계할 때 지침으로 참고할 만한 상황이나 장면을 몇 가지 보여준다. 사실, 이런 상황이나 장면은 원칙적인 내용을 담고 있다. 따라서 <황혼의 반란>에서 보여주는 상황이나 장면은, 노인 문제를 해결하는 프로그램을 실시하라고 요구하기 위한 논리로 사용할 수 있다. 구체적으로, 이런 상황이나 장면은 노인에 대한 인식 개선 프로그램, 세대 연대 프로그램과 관련된다.

(1) 노인에 대한 인식 개선 프로그램 관련

노인에 대한 인식을 개선하기 위해서는 노인을 쓸모있는 존재로 보도록 하는 것이 무엇보다 중요하다. <황혼의 반란>에서는 노인에 대한 인식을 개선하고자 하는 프로그램에서 사용할 수 있는 근거를 잘 제시한다. 이런 근거로 노인은 생산적인 존재라는 점, 노인은 지혜로운 존재라는 점, 누구나 노인이 된다는 점을 들 수 있다.

① 노인은 생산적인 존재라는 점

노인에 대한 인식을 개선하고자 할 때, 노인은 사회에서 생산적인 존재라는 점을 젊은 층이나 정치인에게 인식시키는 것이 중요하다. <황혼의 반란>에서는 프레드 일행이 숲속의 생활에서 어느 정도 안정을 찾아감에 따라, 국민에게 자신들의 상황을 알리기 위해 전단을 만든다. 전단의 앞부분에서, 프레드 일행은 노인의 장점을 드러내며 호소한다. 이런 장점은 노인이 사회에서 생산적인 존재임을 실감 나게 보여준다. 전단의 앞부분은 다음과 같이 시작된다.

> 우리를 존중해 주십시오. 우리를 사랑해 주십시오. 노인들은 아기들을 돌볼 수 있고 뜨개질을 할 수 있습니다. 다리미질이나 요리도 할 수 있습니다. 시간이 많이 걸려서 젊은이들이 싫어하는 모든 일을 우리는 아직 얼마든지 할 수 있습니다. 우리는 시간이 흘러가는 것을 두려워하지 않기 때문입니다. (<황혼의 반란>, 92~93쪽)

그러므로 노인에 대한 인식을 개선하고자 하는 프로그램에서는 노인은 생산적인 존재라는 점을 강조할 필요가 있다.

② 노인은 지혜로운 존재라는 점

노인에 대한 인식을 개선하고자 할 때, 노인은 그동안의 오랜 경험을 통해 지혜를 쌓은 존재라는 점을 젊은 층이나 정치인에게 인식시키는 것이 중요하다. <황혼의 반란>에서는, 처음에 동굴에 자리 잡는 과정에서 한 노인이 동굴에 가득 찬 연기 때문에 죽게 된다. <황혼의 반란>에서는 그곳에 있던 노인들의 상황을 다음과 같이 설명하는데, 이때 프레드는 노인은 지혜로운 존재라는 점을 간접적으로 강조한다.

동료들은 그를 땅에 묻기 전에 임시변통으로[29] 간단한 장례의식을 치렀다. 프레드는 "노인 하나가 죽는 것은 도서관 하나가 불타는 것입니다…. 잘 가시게, [...]" 하는 식으로 조사를[30] 하였다.(<황혼의 반란>, 84쪽)

그러므로 노인에 대한 인식을 개선하고자 하는 프로그램에서는 노인은 지혜로운 존재라는 점을 강조할 필요가 있다.

③ 누구나 노인이 된다는 점

대부분의 인간은 태어나서 언젠가는 노인이 된다. <황혼의 반란>에서도 프레드는 마지막에 죽으면서 주사를 놓은 젊은이에게 "너도 언젠가는 늙은이가 될 게다."라는(<황혼의 반란>, 95쪽) 말을 남긴다.

그러므로 노인에 대한 인식을 개선하고자 하는 프로그램에서는 젊은 층도 언젠가는 노인이 될 것이고, 또

---

29) 임시변통은 "갑자기 터진 일을 우선 간단하게 둘러맞추어 처리[하는 것]"을 말한다(표준국어대사전).

30) 조사는 "죽은 사람에 대하여 슬픈 뜻을 표[하는 것]"을 말한다(표준국어대사전).

한 현재 노인이 받는 억압이 계속된다면 젊은 층도 나중에 그대로 이런 억압을 받을 수 있다는 점을 강조할 필요가 있다.[31)]

(2) 세대 연대 프로그램 관련

노인이 나이가 들었다는 이유로 억압받지 않도록 하기 위해서는, 세대 사이에 강력한 유대를 형성하는 것이 중요하다. <황혼의 반란>에서도 프레드 일행이 국민에게 보내는 전단의 뒷부분에서 인간의 '연대'를 강조한다. 구체적으로 전단에서 프레드 일행은 다음과 같이 호소한다.

> 오늘날의 인간은 늙은이들을 죽임으로써 마치 쥐들처럼 행동하고 있습니다. 사회의 가장 약한 구성원들을 가차 없이[32)] 제거해 버리는 쥐들처럼 말입니다. 하지만 인간은 쥐가 아닙니다. 인간은 서로

31) 물론 인간은 장기적으로 생각하지 못하므로, 젊은 층은 먼 미래에 벌어질 일을 미리 생각하지 못하거나, 또는 자기는 노인이 될 때 그런 억압을 받지 않을 것이라고 생각할 수 있다. 마치 노인들이 자기 자식은 부모를 버릴 것이라고 생각하지 못한 것처럼 말이다.

32) '가차 없이'는 사정을 보아주지 않는 것을 말한다(표준국어대사전).

연대할 줄 알고 함께 어울려 살 줄 압니다. 만약 인간이 가장 약한 자들을 죽인다면, 인간의 모듬살이는[33] 아무 쓸모가 없습니다. 노인을 배척하는 법률들을 철폐합시다. 우리를 제거하기보다는 활용할 생각을 하십시오.(<황혼의 반란>, 93쪽)

그러므로 세대 사이의 연대를 더 형성하고자 하는 프로그램에서는 앞에서와 같은 측면을 적극 강조할 필요가 있다.

33) 모듬살이는 "어떤 목적 아래 여러 사람이 모여서 살아[가는 것]"을 말한다(우리말 샘).

5. 마무리하며

베르베르의 <황혼의 반란>에서는 인구 고령화 때문에 노인이 보수적인 정치적·사회적 분위기 속에서 겪을 수 있는 극단적인 상황을 잘 보여준다. 구체적으로 <황혼의 반란>에서는 국가나 사회가 노인을 극단적으로 차별하고 배제하는 상황을 실감 나게 보여준다. 이것은 도덕적으로 끔찍한 상황이고, 현재로서는 상상 속에서만 가능할 것으로 보인다. 하지만 권력을 잡은 정치인의 이해관계, 보수적 이데올로기, 나이에 따른 갈등 등이 우연히 또는 교묘하게 결합할 경우, <황혼의 반란>에서와 비슷한 상황이 등장할 가능성이 전혀 없다고 주장하기 어려운 측면도 있다.

노인을 위한 복지와 관련된 재정 문제를 해결하는 이상적인 방법이 아직 존재하지 않는 상황에서는, 사회가 연대 의식을 갖추어서 모든 사회구성원이 노인을 포용하는 것이 무엇보다 중요하다. <황혼의 반란>에서는 이와 관련해 노인의 장점이나 사회 연대에 주목하라는 교훈을 준다. 이런 측면에서 볼 때, 노인에 대한 인식을 개선하는 프로그램이나 젊은 세대와 노인 세대가 교류하는 프로그램은 모든 사회구성원이 연대 의식을 갖는데 도움을 줄 수 있다.

한편, <황혼의 반란>에서 펼쳐지는 상황은 끔찍하지만, 거꾸로 이것은 이런 상황이 발생하지 않도록 미리 준비하라는 메시지를 던져준다. 따라서 <황혼의 반란>을 교훈으로 삼아서, 사회는 절대 생기지 말아야 할 상황에 대해 미리 체계적으로 대비할 필요가 있다.

제4장
헤밍웨이의 〈노인과 바다〉
- 노년기의 끈끈한 삶과 회복 -

1. 들어가며

노년기는 노화가 빠르게 진행하는 단계이므로, 신체적・정신적 어려움을 겪는 경우가 많다. 노년기에 겪는 신체적・정신적 어려움은 노인에게 여러 가지 문제를 유발한다. 따라서 노년기의 어려움을 줄이거나 없애는 데 도움을 주는 요인에[1] 관심이 커지고 있다.

일부 요인은 노년기에 겪는 어려움을 줄이거나 없애는 데 큰 도움을 준다. 이 중에서 사회적 지지(social support)와 자기효능감(self−efficacy)은 노년기에 겪는 어

1) 이런 요인을 보호 요인(protective factor)이라고 부른다.

려움을 줄이거나 없애는 데 큰 도움을 주는 것으로 알려져 있다.

사회적 지지는 노인이 다른 사람(들)과 교류함으로써, 노인의 복리 수준을 높이는 데 도움을 준다. 그리고 자기효능감은 노인이 자기 능력에 대해 긍정적으로 인식함으로써, 노인의 복리 수준을 높이는 데 도움을 준다. 그러므로 사회적 지지와 자기효능감은 노인의 신체적 건강과 정신건강에 매우 긍정적인 영향을 미치는 요인에 속한다.

이와 관련해, 노벨 문학상을 받은 헤밍웨이(Hemingway)가 쓴 <노인과 바다(The Old Man and the Sea)>는 사회적 지지와 자기효능감이 노년기에 겪는 어려움을 줄이거나 없애는 데 큰 도움을 주는 요인임을 직접 · 간접으로 잘 보여준다. 특히 <노인과 바다>에서는 다양한 형태의 사회적 지지가 중요함을 잘 보여준다.

2. 〈노인과 바다〉와 관련된 이론적 측면

1) 노년기의 특성과 이에 따른 어려움

노년기에는 신체적 영역에서 여러 가지 변화가 나타난다. 노년기에 나타나는 신체적 변화는 노인의 일반적 건강에 매우 부정적인 영향을 미친다. 노년기에 겪는 신체적 어려움은 상실(loss)과 관련되는 경우가 많다(노병일, 2025a).[2]

---

2) 상실에 대해서는 <황혼의 반란>을 다룬 제3장에서 자세히 설명한 바 있다.

2) 노년기의 어려움에 대한 보호 요인

(1) 사회적 지지

여러 기관과 학자는 사회적 지지에 대해 정의해 왔다. 예를 들어, 미국 전국사회복지사협회에서는 사회적 지지를 "인간이 가지는 욕구를 충족하기 위해 제공하는 공식적·비공식적 활동과 관계"라고 정의한다(Barker, 2003 : 407). 일반적으로 사회적 지지는 개인의 욕구를 충족하기 위해 제공하는 다양한 도움과 관계 및 이에 대한 인식이라고 정리할 수 있다(노병일·모선희, 2007).

사회적 지지는 호혜성(reciprocity)의3) 측면을 포함하는 경우가 많다. 즉, 사회적 지지는 서로 주고받는 특성을 지니는 경우가 많다(노병일, 2015). 이에 따라 사회적 지지는 양방향으로 제공된다고 할 수 있다.

사회적 지지는 여러 가지 측면에서 긍정적인 역할을 한다. 많은 연구에서 사회적 지지는 삶에 긍정적인 영향을 미치는 것으로 나타난다. 무엇보다도, 사회적 지

---

3) 호혜성은 "서로 특별한 혜택을 주고받는" 특성을 말한다(표준국어대사전).

지는 개인이 좌절을 극복할 수 있게 하고, 문제를 해결하는 능력을 키워주는 것으로 알려져 있다. 이런 점은 노년기에도 그대로 해당한다. 실제로 노년기의 사회적 지지는 노인의 정신건강과 삶의 질에 직접·간접으로 긍정적인 영향을 미치는 것으로 나타난다(김소영·노병일, 2018).

사회적 지지의 형태는 여러 기준에 따라 다양하게 분류할 수 있다. 우선, 사회적 지지의 형태는 내용에 따라 다음과 같이 분류할 수 있다.

내용에 따라 분류한 사회적 지지 형태

사회적 지지의 형태는 내용에 근거해 다음과 같이 분류할 수 있다(Ko, Wang & Xu, 2013).

① 정보적 지지(informational support) : 이것은 지식이나 사실을 포함하는 지지를 말한다. 정보적 지지의 예로 행동에 대해 조언하는 것이 있다.

② 정서적 지지(emotional support) : 이것은 보살피고 관심을 가지고 공감하는 식으로 표현하는 것을 말한다.

③ 존중 관련 지지(esteem support) : 이것은 개인의 기술, 능력, 본래 가진 가치를 더 키우는 데 도움을 주는 것을 말한다.

④ 사회망 관련 지지(social network support) : 이것은 개인이 자신과 비슷한 관심을 가지거나 비슷한 상황에 있는 특정한 집단에 속한다는 인식을 더 가지는 데 도움을 주는 것을 말한다.

⑤ 실질적 지지(tangible support) : 이것은 필요한 물품과 서비스를 실제로 제공하는 것을 말한다.

그리고 사회적 지지의 형태는 제공하는 수준에 따라 분류할 수 있다. 예를 들어, 사회적 지지의 형태는 가족 수준의 지지(가족 지지), 친구 수준의 지지(친구 지지), 지역사회 수준의 지지(지역사회 지지)로 분류할 수 있다. 이때, 노인과 가장 많이 관련되는 형태의 사회적 지지는 가족 지지이다. 그러나 부부나 자녀와의 관계가 좋지 않을 때, 친구 지지는 특히 중요할 수 있다. 친구는 관심을 가지는 바가 서로 비슷하고 같은 시기를 살고 있으므로, 친구 지지는 노인에게 실질적으로 도움을 줄 수 있다. 더불어 노인에게는 지역사회 지지도 중요하다. 가정에서 노인을 보살피는 사람이 부족할 때, 지역사회 지지는 중요한 역할을 한다(노병일 · 모선희, 2007).

(2) 자기효능감

자기효능감은 인간이 자기 생활에 영향을 미치는 사건을 통제하는 방식으로 행동할 수 있는 능력에 대해 믿는 것을 말한다. 그러나 단순하게 볼 때, 자기효능감은 자기 능력을 긍정적으로 인식하는 것을 말한다(전영신 · 노병일 · 노대겸, 2021; Bandura, 2000).

자기효능감은 개인적 주도성에 긍정적인 영향을 미친다. 이때, 개인적 주도성은 자신의 운명을 개인적으로 통제하고, 생활하면서 겪는 어려움에 성공적으로 적응하는 것을 말한다. 따라서 자기효능감은 정신건강에 긍정적인 영향을 미친다. 실제로 자기효능감은 낙관적으로 인식하고, 자신을 통제하고, 자신을 가치 있는 존재로 생각하고, 생활에 만족하고, 우울을 줄이는 데 긍정적인 영향을 미치는 것으로 알려져 있다(노병일 · 심희숙, 2013).

한편, 노년기에는 여러 영역에서 상실을 겪으므로 노인은 자기 능력에 대해 부정적으로 인식할 가능성이 크다. 예를 들어, 노년기에는 경제적 상실을 겪으므로 노인은 경제와 관련된 영역에서 자기 능력에 대해 부정적으로 인식할 수 있다. 그 결과, 노년기에는 자기효능감이 줄어들 수 있다. 그러나 노인은 젊은 시절에 자기 나름의 삶을 살아왔으므로, 이에 따른 경험과 지식과 지혜가 많다(노병일, 2025a). 따라서 일부 노인은 자신이 그동안 살아온 경력과 경험에 근거해서, 자신은 계속해서 어떤 일을 잘해 나갈 수 있다고 인식할 수 있다. 이렇게 되면, 노인의 자기효능감은 커지게 된다.

노인의 자기효능감은 노인의 정신건강에 유리하게 작용할 수 있다. 무엇보다도, 자기효능감이 큰 노인은 자신이 어려움을 겪어도 잘 헤쳐 나갈 수 있다고 인식할 수 있다. 따라서 노인의 자기효능감은 노년기에 겪는 어려움을 헤쳐 나가는 데 긍정적인 역할을 한다.

더불어 노인은 자기 능력을 사회에 이바지하는 데 사용할 수 있다. 따라서 노인의 자기효능감은 노인이 사회에서 쓸모 있는 역할을 하는 데 도움을 준다. 그러므로 노인의 자기효능감은 사회가 노인을 쓸모 있는 존재로 인식하는 데 큰 도움을 준다.

3. 〈노인과 바다〉의 작가와 작품 및 줄거리

1) 〈노인과 바다〉의 작가와 작품

(1) 작가

헤밍웨이는 1899년 7월 21일에 미국 일리노이(Illinois) 주의 오크 파크(Oak Park)에서 출생하였다. 헤밍웨이는

<노인과 바다>를 발표하기 전에 <태양은 다시 떠오른다(The Sun Also Rises)>(1926년), <무기여 잘 있거라(A Farewell to Arms)>(1929년), <누구를 위하여 종은 울리나(For Whom the Bell Tolls)>(1940년)와 같은 작품을 발표하였다. 그러다가 <노인과 바다>가 성공함에 따라서 헤밍웨이는 세계적으로 유명한 인물이 되었다.

그러나 헤밍웨이는 우울증, 알코올중독, 기타 질병에 시달리다가, 1961년 7월 2일에 미국 아이다호(Idaho)주의 케첨(Ketchum)에서 총으로 자살하였다.[4] <노인과 바다>는 헤밍웨이가 살아있을 때 쓴 마지막 작품이 되었다(김욱동, 2011b; Wikipedia, 2025b; Wikipedia, 2025d).

(2) 작품

헤밍웨이는 <노인과 바다>를 1951년에 집필했는데, 이는 책으로도 발간되었고 잡지 <라이프(Life)>에도 실렸다. <노인과 바다>의 초판은 매우 많이 팔렸고,

---

4) <노인과 바다>에서는 노인의 강한 의지를 보여준다. 이런 점에서, 헤밍웨이가 자살로 삶을 마감한 것은 <노인과 바다>의 주인공이 살아온 삶과는 너무나 비극적으로 대조적이다.

<노인과 바다>를 실은 <라이프>는 이틀 사이에 500만 부가 팔린 것으로 알려져 있다(Wikipedia, 2025d).

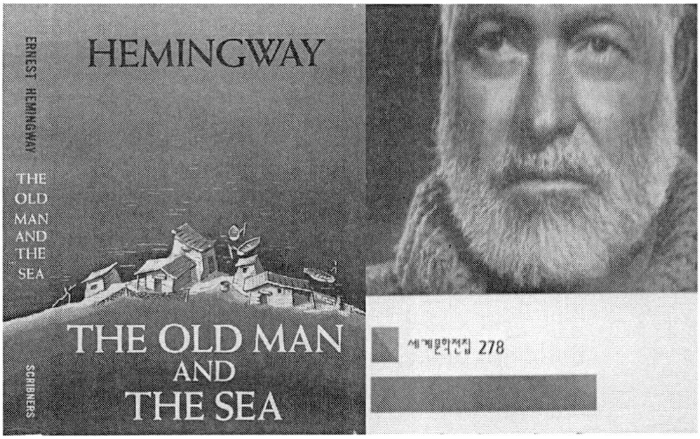

<노인과 바다>는 헤밍웨이의 마지막 작품이자 훌륭한 작품이다. 이런 점에서, <노인과 바다>는 헤밍웨이의 문학 세계를 장식하는 최후의 멋진 작품이라고 볼 수 있다(김욱동, 2011a; Wikipedia, 2025d).

1953년에 헤밍웨이는 <노인과 바다>로 퓰리처상(Pulitzer Prize)을 받았고, 1954년에 노벨 문학상을 받았다(Wikipedia, 2025b).

2) 〈노인과 바다〉의 줄거리

<노인과 바다>의 줄거리는 매우 간단하다. <노인과 바다>에서는 노인이 바다에서 고기를 잡는 과정을 자세하게 묘사한다. 사실, <노인과 바다>의 상당 부분은 노인의 미끼를 문 고기(청새치)가 노인의 배를 끌고 가는 상황으로 이루어져 있다. 하지만 <노인과 바다>의 문장은 간결한 방식으로 되어 있어서 읽기가 편하다.

<노인과 바다>의 줄거리는 다음과 같다.[5]

> **〈노인과 바다〉의 주요한 인물**[6]
>
> <노인과 바다>의 주인공은 노인 산티아고(Santiago)이며, 또 다른 중요한 인물은 소년 마놀린(Manolin)이다. 이 외에, '테라스'라고 부르는 카페의 주인(Martin),[7] 일부 어부, 관광객이 등장한다.
>
> 그리고 비록 사람은 아니나, <노인과 바다>에는 청새치(marlin)가[8] 주요한 고기로 등장하고, 이 외에 상어 몇 마리가 또 다른 주요한 고기로 등장한다.

---

5) 좀 더 자세한 줄거리는 '나무위키'나 기타 인터넷 자료를 참고하면 된다.

주인공인 노인(산티아고)은 마을에 사는 소년(마놀린)과 매우 친한 관계를 유지하고 있다. 소년은 노인을 따르면서 노인을 여러 가지로 도와주고 있다. 노인은 84일째 고기를 잡지 못하고 있다. 이에 소년의 부모가 소년이 노인의 배를 타지 못하게 해서, 소년은 다른 어부의 배를 타게 된다. 노인이 고기를 잡지 못한 지 85일이 되는 날, 노인은 바다로 고기잡이를 나선다. 노인은 고기잡이를 하면서도 소년을 자주 생각한다.

드디어 노인은 큰 고기(청새치)를 낚는다. 이 고기는 노인의 생애에서 낚은 가장 큰 고기이다. 노인은 자기 배를 끌고 다니는 청새치와 밤낮으로 사흘 동안 대결을 벌이고, 그 사이에 많이 지치고 다친다. 마침내 노인은 청새치를 죽여서 배에 묶는다.

---

6) 여기에서는 김욱동이 번역하고 민음사에서 출판한 번역판을 사용하였다. 한국어 번역이 모호한 부분에서는 영어 원문도 참고하였다.
7) 한국어 번역본에는 '테라스'의 주인 이름이 나오지 않으나, 영어 원문에는 마틴(Martin)으로 표시되어 있다.
8) 청새치에 대해, 어느 사전은 "황새칫과의 바닷물고기. 몸의 길이는 3미터 정도이며, 검푸르고 살은 복숭아 빛깔인데 식용한다. 주둥이가 좁고 창날처럼 길다. 한국, 일본, 대만, 미국의 하와이·캘리포니아 근해에 분포한다"고 소개한다(표준국어대사전).

그러나 집으로 오는 도중에 상어들이 달려들어 청새치 고기를 다 먹어 치운다. 지친 노인은 배를 끌고 마을이 있는 항구로 돌아와 집에서 잠을 잔다. 다음 날, 노인은 잠에서 깨어난 후 소년과 이야기를 나누다 다시 잠이 들고 사자 꿈을 꾼다.

4. 〈노인과 바다〉에 나타난 노년기 어려움과 이에 도움을 주는 요인

1) 노년기의 신체적 어려움

노년기에 겪는 가장 대표적인 상실은 신체적 영역에서의 상실이다. 노년기의 신체적 상실은 노년기에 어려움을 유발하는 주요한 요인이다.

<노인과 바다>에서는 노인의 신체적 영역에서 나타나는 상실을 보여준다. 예를 들어, <노인과 바다>에서는 노인에 대해 "두 눈을 제외하면 노인의 것은 하나같이 노쇠해 있었다."(<노인과 바다>, 10쪽)라고 설명한다.

그리고 노인이 다음 날 고기잡이를 나가기 전, 소년은 노인의 집에서 노인과 이야기를 나누다 미끼에 쓸 정어리를 잡아 오겠다며 나갔다 온다. 소년이 노인의 집으로 다시 돌아오니 노인은 자고 있다. 이때 소년이 보니, "노인의 머리도 몹시 늙은 모습이어서 두 눈을 감은 얼굴에서는 생기라곤 전혀 찾아볼 수 없었다."(<노인과 바다>, 19쪽). 이런 상황은 노년기의 신체적 상실을 잘 보여준다.

또한 더 구체적으로,

> 노인은 깡마르고 여윈 데다 목덜미에는 주름이 깊게 잡혀있었다. 열대 지방의 바다가 반사하는 햇볕 때문에 그의 두 뺨에는 양성 피부암의 갈색 반점들

이[9] 나 있었다. 이 반점들은 얼굴 양쪽 훨씬 아래까지 번져 있었다. 두 손에는 큰 고기를 잡으면서 밧줄을 다루다가 생긴 상처가 깊게 파여 있었다. 어느 것 하나 새로 생긴 상처는 아니었다. 고기가 살지 않는 사막의 침식 지대만큼이나 오랜 세월을 지낸 상처들이었다.(<노인과 바다>, 10쪽)

앞에서의 모든 상황은 노년기의 신체적 어려움을 보여준다. 물론, 노인은 어부로서 바다에서 활동을 많이 해서 신체적으로 약해진 것일 수도 있지만, 노년기의 노화에 따른 신체적 상실 탓에 신체적으로 약해진 측면이 더 크다고 볼 수 있다.

---

9) 반점은 "동식물 따위의 몸에 박혀 있는 얼룩얼룩한 점"을 말한다(표준국어대사전).

2) 노년기의 어려움에 도움을 주는 요인

(1) 사회적 지지

① 소년이 제공하는 지지

<노인과 바다>에서 소년은 노인에게 여러 가지 형태의 사회적 지지를 제공하거나 제공하려고 한다. 무엇보다도 소년은 노인에게 실질적 형태의 사회적 지지(실질적 지지)와 정서적 형태의 사회적 지지(정서적 지지)를 제공한다. 이런 점은 <노인과 바다>의 곳곳에서 나타난다.

가. 실질적 지지

소년은 노인에게 실질적 지지를 제공한다. 예를 들어, 노인이 고기잡이를 나갔다가 돌아오면, 소년은 늘 노인을 마중 나가서 노인의 낚싯줄, 갈고리, 작살, 돛 등을 나르는 것을 도와준다(<노인과 바다>, 9~10쪽).

그리고 소년은 노인이 다음 날 사용할 정어리를 구해다 주겠다고 한다. 그러나 노인은 괜찮다고 하면서, 소년에게 가서 야구나 하면서 놀라고 한다. 그러자 소년은 "그래도 구해다 드리고 싶은걸요. 할아버지와 함께 고기잡이를 하지 못한다면, 다른 거라도 도와드리고 싶어요."(<노인과 바다>, 12쪽)라고 말한다. 이것은 소년이 노인에게 실질적 지지를 제공하려는 의지를 가지고 있음을 보여준다.

또한 노인이 바다로 나가기 전날, 소년이 노인에게 저녁을 가지고 오자 노인은 별로 배고프지 않다고 말한다. 소년은 먹어야지만 고기잡이를 할 수 있다고 노인에게 말하지만, 노인은 먹지 않고 고기를 잡은 적도 있었다고 이야기하면서 일어나 담요를 갠다. 이때 소년은 "담요는 그냥 덮고 계세요. 제가 살아 있는 동안은 할아버지가 굶은 채 고기잡이를 하시게 내버려 두지 않을 거예요."(<노인과 바다>, 20쪽)라고 말한다. 이것은 소년이 노인에게 가장 기본적인 욕구인 음식에 대한 욕구까지 충족해 주는 식으로 실질적 지지를 제공하려는 의지를 강하게 가지고 있음을 보여준다.

그리고 다음 날 바다로 나가기 전, 노인은 소년에게 내일도 날씨가 좋아서 멀리 나갔다가 바람이 바뀌면 돌아올 생각이라고 말한다. 그 후 소년과 노인은 다음과 같이 이야기를 나눈다.

> "그럼 제 주인아저씨한테도 멀리 나가자고 해 볼게요. 그렇게 하면 할아버지가 정말 큰 놈을 낚아 올릴 때 우리가 가서 도와드릴 수도 있잖아요." 소년이 말했다.
> "그 사람은 멀리 나가는 걸 좋아하지 않는 걸."
> "그건 그래요. 하지만 전 새가 고기를 찾는 것 같은, 주인아저씨 눈에 보이지 않는 뭔가를 볼 수 있어요. 그렇게 해서 만새기를[10] 쫓아 멀리 나가도록 해 볼래요." 소년이 대답했다.(<노인과 바다>, 14쪽)

이런 장면도, 소년이 모든 방법을 사용해 노인에게 실질적 지지를 제공하려는 강한 의지를 가지고 있음을 보여준다.

---

10) '만새기'의 영어 원문은 dolphin이다. 영어의 dolphin은 '돌고래'라는 뜻도 있지만, 바닷물고기인 '만새기'라는 뜻도 있다. 만새기에 대해, 어느 사전은 "만새깃과의 바닷물고기. 몸의 길이는 1.5미터 정도이며, 옆구리와 등에 작은 점이 흩어져 있고 등은 녹갈색, 배는 누런 갈색이다. 몸은 옆으로 편평하며 앞이마는 융기되어 있고 기다란 등지느러미가 있다. 바다 표면에 몰려다니며 행동이 민첩하다. 한국, 일본, 중국, 하와이 등지에 분포한다"고 소개한다(표준국어대사전).

결국, <노인과 바다>에서의 여러 상황은 소년이 노인에게 실질적 지지를 제공하거나 제공하려는 강한 의지를 가지고 있음을 보여준다. 그리고 이렇게 함으로써, 소년은 노인의 기본적 욕구를 충족해 준다.

나. 정서적 지지

<노인과 바다>에서 소년은 노인에게 정서적 지지도 많이 제공한다. 우선, 소년은 노인의 취약한 상태에 대해 마음 아파한다. 예를 들어, 노인이 청새치를 잡고 집으로 돌아온 다음 날, 소년이 노인의 판잣집으로 와보니 노인은 잠들어 있다. <노인과 바다>에서는 이때의 상황을 다음과 같이 설명한다.

> 소년은 노인이 숨을 쉬고 있는지 확인하고 나서 노인의 두 손을 보더니 울기 시작했다. 그리고 커피를 가져오려고 조용히 판잣집을 빠져나와 길을 따라 내려가면서도 줄곧 엉엉 울었다.(<노인과 바다>, 123쪽)

앞에서와 같은 반응은, 소년이 노인의 손을 보고 노인이 매우 고생하였음을 알고서 자연스럽게 보인 반응이다. 여기에서 소년이 노인에게 가지는 애틋한 감정을 알 수 있는데, 이를 통해 소년은 노인에게 정서적 지지를 제공하는 샘물임을 알 수 있다.

또한 소년은 노인의 능력을 인정하고 격려하려 한다. 예를 들어, 노인의 집에서 노인과 소년은 야구 이야기를 하다가 어부 이야기로 주제를 바꾸면서 다음과 같이 대화한다.

> "그리고 가장 훌륭한 어부는 할아버지이시고요."
> "아니다. 난 나보다 뛰어난 어부를 알고 있어."
> "[천만에요]. 고기를 잘 잡는 어부는 많이 있고, 또 아주 뛰어난 어부도 더러 있죠. 하지만 할아버지에 비길 만한 사람은 없어요." 소년이 말했다.
> "고맙구나. 넌 나를 기쁘게 해 주는구나."(<노인과 바다>, 25쪽)

이런 상황은 소년이 노인에게 정서적 지지를 제공함으로써, 노인의 인정받고 존경받고자 하는 욕구를 충족해 주는 모습을 보여준다.

그리고 노인이 청새치와 싸우고 항구로 돌아온 후, 노인의 집에서 노인과 소년은 다음과 같이 이야기를 나눈다.

마침내 노인이 잠에서 깨어났다.

"일어나지 마세요." 소년이 말했다. "이걸 드세요."

소년은 유리잔에 커피를 조금 따랐다.

노인은 그것을 받아 마셨다.

"그놈들한테 내가 졌어, 마놀린.[11] 놈들한테 내가 완전히 지고 만 거야." 노인이 말했다.

"할아버지가 고기한테 지신 게 아니에요. 고기한테 지신 게 아니라고요."

"그렇지. 정말 그래."(<노인과 바다>, 124~125쪽)

11) '마놀린'은 소년의 이름이다.

이런 상황 역시, 소년이 노인에게 정서적 지지를 제공함으로써, 노인을 격려하는 모습을 보여준다.

다. 소년의 사회적 지지에 대한 정리

＜노인과 바다＞에서 소년은 노인에게 실질적 형태의 사회적 지지와 정서적 형태의 사회적 지지를 아낌없이 제공하거나 제공하려 한다. 특히, ＜노인과 바다＞의 일부 장면은 이런 상황을 더욱더 감동적으로 보여준다.

우선, 노인이 바다로 고기잡이를 나가기 전날, 소년이 자신이 가져간 저녁을 노인에게 들라고 하자 노인은 이제 준비되었다 하면서 손 씻을 시간이 필요했을 뿐이라고 이야기한다. 그러자

> 어디서 손을 씻었다는 걸까? 하고 소년은 생각했다. 이 마을에서 물을 공급해 주는 곳은 아래쪽으로 두 블록 내려가야만 있었다. 할아버지에게 물을 길어다 줘야 했는데 그랬구나, 하고 소년은 생각했다. 비누와 수건도 가져와야 했는데 말이야. 나는 왜 이다지도 생각이 모자랄까? 할아버지에게 셔츠도 한 장 더 준비해 드려야 하고, 겨울 재킷과 신발, 그리

고 담요도 한 장 더 갖다드려야 되겠는걸.(<노인과 바다>, 21~22쪽)

또한 노인이 청새치와 싸우고 나서 항구로 돌아온 후, 소년과 노인은 장비와 관련해 대화하다가 소년이 노인에게 손을 빨리 치료하라고 한다. 그러자 노인은 밤중에 무엇인가를 뱉어냈는데 가슴속에서 무엇인가 찢어지는 것과 같은 기분이 들었다고 한다. 그러자

"그것도 빨리 치료하시고요. 자, 어서 자리에 누우세요, 할아버지. 깨끗한 셔츠를 갖다 드릴게요. 그리고 뭔가 잡수실 것도요." 소년이 말했다.
"내가 없던 동안에 온 신문이 있거든 좀 가져다주렴." 노인이 말했다. "얼른 나으셔야 해요. [...] 대체 얼마나 고생하신 거예요?"
"많이 했지." 노인이 대답했다.
"그럼 드실 것이랑 신문을 가져올게요." 소년이 말했다. "푹 쉬세요, 할아버지. 약국에서 손에 바를 약도 사 올게요." [...]
소년은 문밖으로 나와 발길이 닳고 닳은 산호초 길을 따라 걸어 내려가면서 또 엉엉 울었다.(<노인과 바다>, 126~127쪽)

앞에서의 두 상황은, 소년이 노인에게 끊임없이 제공하는 실질적 지지와 노인의 어려움에 공감하는 정서적 지지 모두를 실감 나게 보여준다.

그리고 <노인과 바다>에서는 맨 마지막 문단을 다음과 같이 마무리한다. 여기에서, 소년은 노인에게 사회적 지지를 제공하는 포근한 원천임을 잘 알 수 있다.

> 길 위쪽의 판잣집에서 노인은 다시금 잠이 들어 있었다. 얼굴을 파묻고 엎드려 여전히 잠을 자고 있었고, 소년이 곁에 앉아서 그를 지켜보고 있었다. 노인은 사자 꿈을[12] 꾸고 있었다.(<노인과 바다>, 127쪽)

---

12) 어느 평론가에 따르면, 성경에서 사자는 앞으로 올 예수 그리스도를 의미한다(김욱동, 2011a).

라. 소년의 사회적 지지에 대한 노인의 인식

<노인과 바다>에서 노인은 소년이 제공하는 사회적 지지를 잘 인식한다. 우선, 낚싯줄에 걸린 청새치가 노인의 배를 끌고 가는 도중에, 노인은 소년이 옆에 있었으면 좋겠다는 말을 자주 한다. 예를 들어, 노인은 "그 애가 옆에 있다면 얼마나 좋을까. 나를 도와줄 수도 있고, 이걸 구경할 수도 있을 텐데."(<노인과 바다>, 49쪽)라고 큰 소리로 말한다. 또한 노인은 기운을 잃지 않도록 다랑어도 먹어야겠다고 생각하면서, "지금 그 애가 내 곁에 [있었으면.]"(<노인과 바다>, 57쪽)이라고 큰 소리로 말한다.

그리고 노인의 미끼를 문 청새치가 노인의 배를 계속 끌고 가는 상황에서, 노인의 왼손에 쥐가 난다. 이때, 노인은 "만약 그 애가 옆에 있다면 손을 주물러서 팔뚝 아래부터 쥐를 풀어 줄 수도 있을 텐데."(<노인과 바다>, 63쪽)라고 생각한다.

또한 노인의 배를 끌고 가는 청새치가 물 위로 뛰어오르자, 노인은 낚싯줄을 갑자기 풀어 준다. 이때,

> 만약에 그 애가 옆에 있었더라면 감아 둔 낚싯줄에 물을 축여줄 텐데, 하고 그는 생각했다. 암, 그렇고 말고. 그 애가 옆에 있어 주었더라면. 만약에 그 애가 옆에 있었더라면 말이야.(<노인과 바다>, 84쪽)

그리고 노인은 청새치를 잡은 후 항구로 돌아와서, 소년에게 바다에 있을 때 "네가 보고 싶었단다."(<노인과 바다>, 125쪽)라고 직접 이야기한다.

앞에서의 모든 상황은 그동안 소년이 노인에게 사회적 지지를 많이 제공하였다는 점을 노인도 잘 인식하고 있음을 보여준다.

② 노인이 제공하는 사회적 지지

사회적 지지는 호혜성의 측면을 포함하는 경우가 많다(노병일, 2015). 따라서 사회적 지지는 주고받는 방식으로 이루어지는 경우가 많다.

<노인과 바다>에서 소년이 노인에게 사회적 지지를 많이 제공하지만 노인도 소년에게 사회적 지지를 많이 제공한다. 예를 들어, "노인은 소년에게 고기 잡는 법을 가르쳐 주었고, 그래서 소년은 그를 무척이나 따랐다"(<노인과 바다>, 10쪽). 또한 노인이 청새치를 잡아 항구로 돌아온 후, 소년은 노인에게 "얼른 나으셔야 해요. 전 아직 할아버지한테 배울 게 너무 많으니까요. 또 할아버지는 제게 모든 걸 가르쳐 주셔야 해요."(<노인과 바다>, 126쪽)라고 말한다. 이런 장면은 노인이 소년에게 실질적 형태의 지지를 제공해 왔고, 앞으로도 제공할 기회가 많음을 보여준다.

더 나아가, 노인은 소년과 아버지 · 아들 관계(부자관계)를 형성하고 싶은 생각까지 가진다. 예를 들어, 노인은 소년에 대해 가지는 친근감과 아쉬움을 다음과 같이

표현한다.

> "네가 내 친아들이라면 너를 데리고 멀리 나가 한 번 모험을 해 보고 싶구나. 하지만 네겐 아버지와 또 어머니가 계시니. 게다가 지금 넌 운 좋은 배를 타고 있고."(<노인과 바다>, 13쪽)

이런 상황은 소년이 노인의 친아들이라면, 노인은 소년에게 모든 것을 아낌없이 줄 것이라는 점을 보여준다. 즉, 이런 상황은 노인이 소년에게 모든 형태의 사회적 지지를 제공하고 싶어 함을 보여준다.

③ 노인과 소년 사이의 사회적 지지의 질

<노인과 바다>에서 노인과 소년이 서로에게 제공하는 사회적 지지는 질적으로도 매우 친밀하다. 예를 들어, 노인이 바다로 나가기 전날 노인과 소년이 노인의 판잣집에서 대화하고 소년이 이해하는 상황은, 노인과 소년 사이에 사회적 지지를 제공하는 단계가 말하지 않아도 서로 마음이 통하는 단계에 이르렀음을 보여준다.

"드실 만한 게 있나요?" 소년이 물었다.

"노란 쌀밥 한 그릇이랑 생선이 있어. 너도 좀 먹을래?"

"아뇨. 전 집에 가서 먹을게요. 불을 피워 드릴까요?"

"괜찮아. 나중에 내가 피우마. 아니면 그냥 찬밥을 먹어도 되고."

"투망을 가져가도 될까요?"

"암, 되고말고."

투망 같은 것이 있을 리 없었고, 소년은 노인이 투망을 언제 팔아 치웠는지도 기억하고 있었다. 그러나 두 사람은 이런 꾸며 낸 말을 날마다 되풀이했다. 노란 쌀밥도 생선도 있을 리 없었고, 이 또한 소년은 잘 알고 있었다.(<노인과 바다>, 16~17쪽)

그리고 노인이 청새치와 싸우고 항구로 돌아온 후, 노인과 소년은 다음과 같이 대화한다.

"이젠 할아버지하고 같이 나가서 잡기로 해요."

"그건 안 돼. 내겐 운이 없어. 운이 다했거든."

"그런 소리 하지 마세요. 운은 제가 갖고 가면 되잖아요." 소년이 대꾸했다.

"네 가족들이 뭐라고 하지 않을까?"
"상관없어요. [...] 하지만 전 아직도 배울 게 많으니까, 이제부턴 할아버지와 함께 나갈래요."(<노인과 바다>, 126쪽)

앞의 장면에서 소년은 자기 가족구성원이 반대해도 노인과 함께 고기잡이를 가겠다고 이야기한다. 이것은 노인과 소년 사이에 제공하는 사회적 지지가 가족을 뛰어넘는 단계까지 이르렀음을 보여준다.

그러므로 앞에서의 여러 상황은, 노인과 소년은 가족과 비슷한 수준에서 친한 친구처럼 서로에게 지지를 주고받는 관계에 있음을 보여준다.

④ 지역사회 수준의 사회적 지지

사회적 지지는 지역사회(동네, 마을) 수준에서도 존재한다(노병일, 2015). <노인과 바다>에서는 지역사회 수준에서 노인에게 제공하는 사회적 지지도 보여준다. 예를 들어, 노인이 청새치를 잡아서 배에 묶어 놓자, 상어들이 달려들어서 노인은 상어들과 싸우게 된다. 그 사이에 청새치 고기의 50% 정도는 물어뜯겨 없어졌다. 노인은 빨리 뭍의 불빛이 보이기를 바라면서 다음과 같이 생각한다.

> 이제 그다지 멀리 떨어져 있지는 않을 텐데, 하고 노인은 생각했다. 아무도 나 때문에 걱정을 하지 않았으면 좋겠는데. 물론 그 아이는 내 걱정을 하고 있을 거야. 하지만 그 아이는 확신하고 있을 거야. 늙은 어부들도 내 걱정을 할 테지. 그 밖에 다른 많은 사람도 역시 걱정하고 있겠지, 하고 노인은 생각했다. 난 정말 좋은 마을에 살고 있구나.(<노인과 바다>, 116쪽)

이런 상황은 소년이 제공하는 사회적 지지뿐만 아니라, 지역사회가 제공하는 사회적 지지도 잘 보여준다.

또한 노인이 먼바다에서 청새치 및 상어와 싸우고 나서 힘들게 항구로 돌아와 자고 나니, 다른 어부가 노인의 "배와 어구를 손질하고" 있다고 소년이 노인에게 말한다(<노인과 바다>, 125쪽). 여기에서 지역사회(마을)의 주민들끼리 서로 도와주는 모습을 볼 수 있고, 이것은 지역사회 수준에서 제공하는 사회적 지지의 한 형태(실질적 지지)라고 볼 수 있다.

이어서, 노인이 바다에서 청새치 및 상어와 싸우고 있을 때 사람들이 노인을 찾았는지와 관련해, 노인과 소년은 다음과 같이 대화한다.

> "사람들이 나를 찾았니?"
> "물론이죠. 해안 경비대랑 비행기까지 동원됐어요."
> "바다는 엄청나게 넓고 배는 작으니 찾아내기가 여간 어렵지 않았을 테지." 노인이 말했다. 그는 자기 자신과 바다가 아닌 이렇게 말 상대가 될 누군가가 있다는 게 얼마나 반가운지 새삼 느꼈다.(<노인과 바다>, 125쪽)

지역사회(마을)의 주민들이 노인의 배가 돌아오지 않자 걱정되어 정부에 요구해 노인의 배를 찾았다는 것인데, 이런 상황 역시 지역사회 수준의 사회적 지지를 보여준다.

(2) 자기효능감

노인에게 지식이나 지혜와 같은 것이 많으면, 노인은 자기 능력에 대해 더 긍정적으로 인식할 가능성이 크다. 따라서 노인이 자신이 주로 활동하는 분야에 대한 지식이나 지혜가 많다고 인식하는 것은 자기효능감을 높이는 데 도움을 줄 수 있다. 이렇게 형성한 자기효능감은 노년기의 어려움을 이겨내는 데 긍정적인 역할을 한다.

<노인과 바다>에서 일부 상황은 노인의 자기효능감과 관련된다. 예를 들어, 노인이 바다로 나가기 전날, 노인은 고기잡이와 관련해 소년에게 "[나는] 생각만큼 그렇게 힘이 세지 않을지도 몰라. 하지만 난 요령을 많이 알고 있는 데다 배짱도 있지."(<노인과 바다>, 25쪽)라고 말한다. 이것은 노인이 고기잡이 영역에서 지혜와 자신감이 있음을 보여준다. 결국, 이것은 노인이 이 영역에서 높은 자기효능감을 가지고 있음을 보여준다.

또한 노인이 자신에게 닥친 어려움을 이겨내려는 의지는, 자기 능력에 대해 긍정적으로 인식하는 것과 관련될 가능성이 크다. 따라서 노인이 어려움을 이겨내려는 의지를 강하게 갖는 것은, 노인의 높은 자기효능감과 관련될 수 있다. 이런 측면에서, <노인과 바다>의 일부 상황은 노인의 자기효능감과 관련된다. 예를 들어, 노인이 잡은 청새치를 배에 묶으니 얼마 후 상어가 와서 그 고기를 물어뜯는다. 이에 노인은 그 상어를 공격해서 죽인 후, "좋은 일이란 오래 가는 법이 없구나."라고 생각한다. 그러고 나서

> "하지만 인간은 패배하도록 창조된 게 아니야." 그가 말했다. "인간은 파멸당할[13] 수는 있을지 몰라도 패배할 수는 없어."(<노인과 바다>, 104쪽)

이 상황에서 노인은 '인간'이라고 표현하지만, 인간은 당연히 노인도 포함한다. 따라서 노인이 이와 같이 생각하는 것은 노인의 강한 의지를 보여준다. 노인의 이런 강한 의지는 자기 능력에 대한 긍정적인 인식과 관련될 가능성이 크다. 그리고 이에 따른 자기효능감은 노년기의 어려움을 이겨내는 데 긍정적인 역할을 한다.

또한 노인이 매우 힘든 상황에서 자신이 하기 어려워 보이는 일을 하거나 이런 일에 도전하는 것은, 그 자체가 자기효능감을 보여주는 것이다. 이런 측면에서 볼 때, <노인과 바다>에서 노인이 보잘것없는 어업 장비를 가지고 넓은 바다에서 자기보다 훨씬 큰 고기와 싸우는 것은, 노인이 자기 능력을 굳게 믿고 있음을 보여준다. 즉, 노인이 바다에 나가 큰 고기를 잡는 모든 과정은 노인의 높은 자기효능감을 보여준다. 그리고 이

---

13) 파멸은 파괴되어 없어지는 것을 말한다(표준국어대사전).

것은 노인이 노년기에 겪는 어려움을 이겨내는 것이기도 하다. 이런 맥락에서 볼 때, 노인이 "마침내 그 고기를 잡아 올린다는 것은 시간에 도전하는 행위, 좀 더 구체적으로 말해서 늙음을 받아들이지 않고 젊음을 여전히 과시하는 행위"라는 분석(김욱동, 2011 : 148)은 이치에 맞는 것으로 보인다.

5. 마무리하며

헤밍웨이의 소설인 <노인과 바다>에서는 노인의 사회적 지지와 자기효능감이 노년기의 어려움에 대해 도움을 주거나 도움을 줄 것으로 보이는 상황을 직접·

간접적으로 보여준다. 따라서 노년기에는 서로 많이 교류하고 자기 능력에 대해 긍정적으로 인식하는 데 관심을 가질 필요가 있다.

특히 <노인과 바다>에서는 다양한 형태의 사회적 지지가 중요함을 보여준다. 따라서 노년기에는 여러 가지 형태의 사회적 지지를 주고받는 데 관심을 가질 필요가 있다.

제5장
보울러의 〈리버보이〉
- 노년기의 이어지는 삶과 회복 -

1. 들어가며

노년기에는 어려움을 많이 경험하지만, 일부 요인은 노인의 건강을 나아지게 하고 삶의 질을 높이는 역할을 한다. 노인 자신이나 노인의 주위에 있는 사람들이 이런 요인을 잘 이용하면, 노년기는 노인이 그동안의 경험을 바탕으로 해서 자기 능력을 마음껏 펼치는 시기가 될 수도 있다. 노년기에 도움을 주는 요인의 예로 활동하는 것, 사회적 지지를 받는 것이 있다. 실제로 여러 연구에서 노인이 사회 활동을 하는 것, 여가 활동을 하는 것, 타인으로부터 지지를 받는 것은 노인의 건강에 긍정적인 영향을 미치는 것으로 나타난다.

한편, 노년기의 삶은 죽음으로 끝나게 된다. 개인적으로 볼 때, 노인의 죽음은 노인 개인이 이 세상에서 완전히 사라져 생명체로 존재하지 않는 것을 의미한다. 그러나 노인의 죽음 때문에, 살아남은 가족구성원은 슬픔에 잠기게 된다. 즉, 노인의 죽음은 이른바 사별(bereavement, 死別)에 따른 커다란 슬픔을 유발할 가능성이 크다. 그렇지만 시간이 지나면서 인간은 사별의 슬픔을 이겨내는 경우가 많다.

장기적으로 볼 때, 노인 개인의 죽음은 해당 노인이 속한 가족이나 가계에 전통과 문화와 가치를 계승하는 것과 관련된다. 따라서 노인의 죽음은 그동안 쌓은 전통과 문화와 가치를 다음 세대가 이어 나가는 기회가 될 수 있다. 즉, 노인의 죽음은 '세대 연속'의 기회가 될 수 있다.

죽음은 생명이 완전히 끝나는 것인 만큼, 노년기의 죽음을 슬프고 안타깝게 바라보는 경우가 많다. 그러나 노인의 죽음은 세대가 이어지는 측면을 지니므로, 노인의 죽음을 반드시 슬프고 부정적인 것으로만 인식할 필요는 없다. 무엇보다도, 노인의 죽음이 아름답고 자연스러운 세대 연속의 측면을 가지고 있다고 보면, 노인의 죽음은 덜 고통스러운 운명적 사건일 수도 있다. 더불어, 노인은 죽음을 좀 더 편하게 맞이할 수 있을 것으로 보인다.

이와 관련해, 보울러(Bolwer)가 쓴 ＜리버보이(River Boy)＞는 노년기 삶에 어려움을 유발하는 요인, 노년기 삶에 도움을 주는 요인, 노인의 죽음, 노인의 죽음에 따른 사별의 슬픔, 세대 연속의 측면을 잘 보여준다.

＜리버보이＞는 청소년 소설로 인식되는 경우가 많다. 실제로 영국에서 발간된 원서에서는 겉표지에 '10대 소설(Teen Fiction)'이라고 표시하였다(Bowler, 1997). 우리나라에서 발간한 번역본의 맨 뒤표지에서도, ＜리버보이＞가 "전 세계 21개국 십대들의 영혼을 두드린 청

소년 명작"이라고 설명한다[보울러(정해영 옮김), 2007]. 하지만 <리버보이>는 청소년을 포함한 모든 사람에게 매우 잘 어울리는 소설이다. 무엇보다도 <리버보이>에서는 건강 상태가 좋지 않은 노인에게 어려움을 유발하는 상황과 도움을 주는 상황을 잘 보여주고, 할아버지와 손녀가 서로 교류하면서 세대를 이어 나가는 모습을 잘 보여준다.

2. 〈리버보이〉와 관련된 이론적 측면

1) 노년기에 어려움을 유발하는 요인과 도움을 주는 요인

(1) 노년기에 어려움을 유발하는 요인

노년기에 겪는 어려움은 상실(loss)과 관련되는 경우가 많다. 따라서 상실은 노년기에 어려움을 유발하는 주요한 요인이라고 볼 수 있다.[1]

(2) 노년기에 도움을 주는 요인[2]

① 활동

노년기에 활동하는 것은 노인의 삶에 긍정적인 영향을 미친다. 특히 노년기의 활동은 노년기를 성공적으로 보내는 데 중요한 것으로 알려져 있다. 실제로 여러 연구에서 노년기에 적극적으로 활동하는 것은 건강과 삶의 질에 긍정적인 영향을 미치는 것으로 나타난다(노병

---

1) 노년기의 상실에 대해서는 <황혼의 반란>을 다룬 제3장에서 자세히 설명한 바 있다

2) 노년기에 도움을 주는 것으로 알려진 요인은 많지만 <리버보이>는 노년기의 활동 및 사회적 지지와 크게 관련되므로, 여기에서는 활동과 사회적 지지에 대해서만 설명한다.

일, 2025a).

이런 배경에서 등장한 이론이 활동 이론(activity theory)이다.3) 활동 이론에서는, 노년기 삶이 행복하기 위해서는 노년기에도 여러 가지 사회 활동에 참여하는 것이 필요하다고 본다(노병일, 2025a).

노년기에 하는 활동의 형태에는 여러 가지가 있다. 노년기에 많이 하는 활동으로 여가 활동과 사회 활동이 있다. 그리고 노년기에는 여러 명이 비공식적으로 활동할 수도 있고, 여러 명이 공식적으로 활동할 수도 있으며, 홀로 활동할 수도 있다.

---

3) 활동 이론은 노화와 관련된 여러 가지 이론들 가운데 하나이다.

② 사회적 지지

노년기의 사회적 지지는 노인의 삶에 매우 긍정적인 영향을 미친다.[4)]

2) 노인의 죽음과 사별

(1) 죽음

일반적으로 죽음은 중요한 역할을 영원히 하지 못하는 것을 말한다. 구체적으로, 죽음은 살아있는 생명체를 유지하는 모든 생물학적 역할을 영원히 하지 못하는 것을 말한다. 오늘날에는, 감지할 수 있는 뇌파가 없으면 인간은 죽은 것으로 판단한다(Barker, 2003; Wikipedia, 2025a).

---

4) 사회적 지지에 대해서는 <노인과 바다>를 다룬 제4장에서 자세히 설명한 바 있다.

(2) 사별

일반적으로 사별은 자신이 사랑하는 사람이 죽은 것에 대한 정서적 · 신체적 반응을 말한다(Barker, 2003). 많은 사람들에게 가까운 사람이 죽는 것은 자기 삶에서 가장 힘든 경험에 속한다.

사별을 경험한 사람은 어려움을 겪게 된다. 무엇보다도, 사별을 경험한 사람은 비탄(grief)에 빠질 수 있다. 비탄은 무엇인가를 잃었을 때 생기는 심한 슬픔을 말하는데, 비탄에 따른 반응은 비탄 반응(grief reaction)이라고 부른다. 비탄 반응은 중요한 것을 잃었으므로 깊은 슬픔을 느끼는 것을 말한다. 따라서 비탄 반응은 정서적 반응이라고 볼 수 있는데, 이는 인간에게 정상적인 반응이다. 건강한 사람에게 비탄 반응은 시간이 지나면서 서서히 줄어든다. 하지만 인간은 비탄을 완전히 극복할 수도 있고 부분적으로만 극복할 수도 있다(Barker, 2003).

3) 세대의 연속

가족은 여러 가지 역할을 한다. 이 중에서 출산과 관련된 역할은 가족의 중요한 역할에 속한다. 출산과 관련된 가족 역할 때문에 가족에 구성원이 계속 추가되고, 그 결과로 가족은 세월이 흘러도 계속해서 이어진다. 그리고 가족은 문화를 전달하는 역할을 한다. 이것은 가족이 자녀에게 사회의 가치를 가르치는 것을 말하는데, 이런 과정에서 가족은 자녀에게 자기 가족의 문화, 전통, 가치 등도 가르친다(노병일 · 노대겸, 2025).

가족이 출산 및 문화 전달과 관련된 역할을 하므로, 가족에서 이전 세대와 이후 세대는 서로 끊임없이 맥을 이으며 가족이 지닌 문화, 전통, 가치 등을 이어 나간다. 그 결과, 가족에서는 세대가 연속적으로 이어진다. 특히 가족에서 노인(할아버지나 할머니)의 죽음은 세대가 새롭게 이어지는 공식적인 기회가 된다.

3. 〈리버보이〉의 작가와 작품 및 줄거리

1) 〈리버보이〉의 작가와 작품

(1) 작가

보울러는 1953년에 영국에서 태어났다. 영국의 어

느 신문은 보울러를 '심리 스릴러의 대가(master of the psychological thriller)'라고 부른 바 있다(Bowler, 1997; Wikipedia, 2025e).

(2) 작품

보울러는 돌아가신 자신의 할아버지에 대해 느낀 사랑을 주제로, 물과 수영의 이미지를 비유하면서 표현한 소설을 쓰려고 생각하고 있었다. 그러던 어느 날 오후, 보울러의 부인이 강 그림을 집으로 가져왔고, 그것을 본 보울러는 다음 날 아침부터 <리버보이>를 쓰기 시작하였다(Bowler, 1997; 뒤 속표지).

쿠퍼(Cooper)는 <리버보이>를 매우 감동을 주는 소설이자 시라고 칭찬한 바 있다. <리버보이>는 1999년에 안구스 저서상(Angus Book Award)을 받았고, 보울러는 <리버보이>로 카네기 훈장(Carnegie Medal)을 받았다(Wikipedia, 2025e).

2) 〈리버보이〉의 줄거리

<리버보이>의 줄거리는 다음과 같다.[5)]

> **<리버보이>의 주요한 인물**
>
> <리버보이>의 주인공은 10대 소녀인 제스(Jess)이다. 이 외에, 제스의 할아버지, 제스의 부모, 할아버지의 옛 친구인 알프레드(Alfred)가 등장한다.

수영을 좋아하는 15세 소녀 제스는 할아버지와 친한 관계를 유지하고 있다. 어느 날, 제스와 함께 수영장에 온 할아버지가 심장마비로 쓰러져 병원으로 옮겨지고, 할아버지는 3일 후에 무리하게 퇴원을 요구해 집으로

---

5) 좀 더 자세한 줄거리는 '나무위키'나 기타 인터넷 자료를 참고하면 된다.

오게 된다. 퇴원한 다음 날, 제스, 제스의 부모님, 제스의 할아버지는 아주 외진 곳으로 가족여행을 떠나려 한다. 그곳은 할아버지가 태어나서 15세까지 살았던 곳이다.

가족여행을 떠나는 날, 제스의 엄마는 제스에게 할아버지가 그린 그림을 본 적이 있느냐고 묻는다. 엄마는 그 그림이 할아버지가 병원에서 퇴원한 날 그린 그림이라고 한다. 할아버지는 그 그림에 '리버보이'라는 글자를 써 놓았지만, 그 그림에 소년은 보이지 않는다. 할아버지는 휴가 기간에 완성하기 위해 그 그림을 가져가겠다고 한다.

드디어 제스 일행은 휴가를 떠나서 저녁에 별장에 도착한다. 휴가 온 첫날 밤, 제스는 물소리를 들으며 묘한 기분에 빠진다. 다음 날 제스는 수영복을 입고 강물에 들어가 강바닥까지 내려갔다 올라온다. 그러다가 누군가 있다는 느낌을 받으나, 돌아보면 아무도 없다. 별장 부근에서도 제스는 누군가의 존재를 느낀다.

그날 할아버지는 강가에서 그림을 그리다 갑자기 그림이 마음에 들지 않는다 하고, 이후 심장에 큰 문제가 생긴다. 제스는 할아버지를 급히 별장으로 모시고 가서 안정시키고, 제스의 부모와 할아버지의 친구(알프레드)를 만난다.

사태가 진정된 후 제스는 강이 시작하는 지점에 가기 위해 비탈을 올라간다. 산의 정상 가까이에서 제스는 또다시 누군가의 존재를 강력히 느끼고, 리버보이를 보게 된다. 그날 밤 제스는 잠에서 깨어나 창가로 다가가는데, 밖에 리버보이가 나타난다. 제스는 리버보이의 정체를 알아내기 위해 별장 밖으로 나가보지만 리버보이는 사라지고 없다.

다음 날 제스는 할아버지를 밖으로 모시고 나온다. 할아버지가 그림을 그리는 동안 제스는 강을 따라가 다이빙할 장소를 찾는다. 그때 아주 가까운 곳에서 물 튀기는 소리가 나 살펴보니, 리버보이가 상류를 향해 수영하고 있다가 다시 하류로 내려오면서 사라진다. 그날 밤, 제스는 리버보이를 또 본다.

어느 날 제스는 스스로를 포기한 할아버지가 슬퍼서 물속으로 들어가 흐느끼는데, “왜 우느냐”는 목소리가 들리기에 돌아보니 거기에 리버보이가 있다. 리버보이는 궁금한 것은 뭐든 물어보라고 하지만, 제스는 질문하거나 답을 들을 준비가 되어 있지 않기에 묻지 않는다. 그러나 제스는 리버보이가 할아버지와 깊게 연결되어 있음을 느낀다. 왜냐하면 리버보이가 할아버지의 삶과 죽음에 대해 어떤 계시를 줄 것 같은 느낌을 받았기 때문이다. 제스가 리버보이에게, 할아버지가 죽어가지만 누구도 도와줄 수 없고 또한 할아버지가 그림 그리기도 포기하고 있다고 하자, 리버보이는 할아버지를 도와드리라고 한다. 그러고 나서 그림을 완성하면 자기를 도와달라고 한다.

다음 날 아침, 제스는 할아버지를 강가로 모시고 가서 그림 작업을 돕는다. 그 다음 날 아침, 제스는 리버보이를 만나기 위해 강의 시작점으로 향하고, 거기에서 리버보이를 만난다. 리버보이가 제스에게 제스가 올라온 쪽을 보라 해서 바라보니, 강물이 거대한 바다와 연결되어 있다.

리버보이는 강을 보내야 할 시간이므로 자신은 떠나겠다고 한다. 그러면서 제스에게 함께 가자고 하나, 제스는 할아버지 곁에 있어야 한다면서 거절한다. 그러자 리버보이는 "나중에 보자"고 하면서 폭포 가장자리에서 공중으로 몸을 날린다.

제스가 별장으로 돌아오니 할아버지의 친구인 알프레드가, 할아버지가 쓰러져서 제스의 부모가 병원으로 모시고 갔다고 전한다. 알프레드는 리버보이 그림이 할아버지의 초상화라고 생각하면서 이에 대해 물어본다. 제스가 강 그림이라고 하자, 알프레드는 할아버지가 이곳에 살 때 강을 사랑했고 시간이 나면 수영을 하였음을 알려준다. 제스가 그림을 다시 보니, 거기에 얼굴이 있다. 제스는 불과 얼마 전에 폭포에서 마주쳤던 리버보이의 얼굴을 기억하지 못했음을 매우 아쉬워하며, 할아버지가 그림을 완성했던 둔치로 가서 물속으로 몸을 날린다. 한참 후, 제스는 리버보이를 발견하고 따라가나 간격을 좁히지 못한다. 제스는 계속 하류로 수영해 나가고, 마침내 브레머스(Braymouth)에[6] 도착한다. 제스가 둔치로 헤엄쳐 나가려는데, 리버보이가 "왜 울고 있니?" 하고 말을 건네 온다. 리버보이가 함께 수영하자고 해서, 제스는 함께 바다로 헤엄쳐 나간다.

그러다 보니 리버보이는 가고 없다. 경찰이 제스를 발견하고 할아버지가 있는 병원으로 데려가지만, 병원에 도착하니 할아버지는 한 시간 전에 돌아가신 상태이다.

제스는 폭포 위쪽의 강 시작점으로 가서 할아버지의 유골을 물 위에 흩날려 보낸다. 그리고 폭포가 시작되는 곳으로 가서, 마지막 유골은 물과 공기에 흩날리고 유골 항아리는 물속에 던지고, 자신은 폭포 아래로 뛰어든다.

---

6) Braymouth는 '브레이머스'로 옮기는 것이 어울릴 것 같은데, 한국어판에는 '브레머스'로 번역되어 있다. 따라서 여기에서도 '브레머스'로 적는다.

4. 〈리버보이〉에 나타난 노년기 삶과 세대 연속

1) 노년기에 어려움을 유발하는 요인과 도움을 주는 요인

(1) 노년기에 어려움을 유발하는 요인

① 상실

노년기에 어려움을 유발하는 가장 큰 요인은 상실이다. 노년기에는 여러 가지 상실을 경험하게 된다. 우선, 노년기에 노화가 진행하면 신체적 힘이 약해진다. <리버보이>에서는 노년기에 신체적 영역에서 겪는 상실을 자주 보여준다. 예를 들어, 할아버지가 제스에게 손을 잡아달라고 하자, 제스는 손을 내밀어 할아버지의 손을 꼭 붙잡는다. 그러나 "전과는 다르게 너무도 야위고 마른 손이었다. 예전에는 두 팔로 자신을 안아 번쩍 들어올리곤 하셨는데, 이제 그 손은 오히려 그녀의 마음을 아프게 했다"(<리버보이>, 39쪽). 이 상황은 할아버지 근육의 힘이 약해진 것을 분명하게 보여준다.

신체적 영역에서의 상실은 거동이 불편한 데서도 나타난다. 예를 들어, 제스는 할아버지와 함께 별장 주위를 걸은 적이 있었는데, “할아버지는 체중을 지팡이에 실어 힘겹게 땅을 찍어 누르면서 무거운 발걸음을 옮겼다”(<리버보이>, 58쪽).

또한 노인이 자주 겪는 상실의 하나는 청력의 상실이다. 그런 탓에 “[제스] 아빠의 목소리는 평소보다 몇 배는 높고 컸다. [...] 할아버지가 심장발작을 일으킨 후로 아빠는 할아버지에게 말할 때마다 계속 목청을 높였다. 마치 할아버지가 건강뿐 아니라 청력도 점점 잃어가고 있다는 듯이”(<리버보이>, 19쪽).

노년기에 신체적 영역에서 상실을 경험하면, 정신건강 영역에서도 상실이 나타나게 된다. 이것은 자기 몸에 대해 자신감을 상실하는 식으로 나타날 수도 있다. <리버보이>에서는 노년기에 정신건강 영역에서 겪는 상실을 보여준다. 예를 들어, 제스의 할아버지는 휠체어를 타고 별장 문 쪽으로 가면서, 제스에게 “저 볼품없이 말라비틀어진 다리 위에” 담요를 덮어달라고 한다. 이에 제스는 “그렇게까지 말씀하실 필요는 없어요.”라고 대답하면서(<리버보이>, 170쪽), 할아버지가 자신의 약한 다리에 대해 느끼는 비참한 감정을 줄여주려고 한다.

② 상실의 영향

노년기에 경험하는 여러 가지 상실 때문에 노인에게 나타나는 것은 노화된 모습이다. <리버보이>에서는 이런 상황을 자주 보여준다. 예를 들어, 제스 가족 일행이 휴가를 떠나는 도중, 제스가 차 속에서 본 할아버지의 모습은 노화에 따른 어려움을 잘 보여준다.

> 그녀의 옆자리에 구부정하게 기대어 턱을 가슴에 파묻고 머리를 약간 기울인 채 잠들어 있는 노인. 말할 수 없이 쇠약한 노인의 모습. 눈을 감고 계셨기

> 때문에 눈동자에 아른거리던 열정의 불꽃마저도 볼 수 없었다.(<리버보이>, 27쪽)

또한 <리버보이>에서 할아버지와 별장 주위를 산책할 때, 제스의 눈에 비친 할아버지의 모습은 노화의 영향을 일반적으로 잘 보여준다.

> 얼마나 멀리 가지 않았을 때 할아버지가 그녀를 불렀다. 그녀는 즉시 뒤돌아서 할아버지에게 뛰어갔다. 가능한 한 명랑하게 보이려고 애쓰면서. 그런데 실제로는 그렇게 하기 무척 힘들었다. 제스의 눈에 비친 할아버지는 너무도 수척해보였다. 마치 바닷물에 이리저리 휩쓸리다 간신히 해안가에 도착한 생물처럼 힘없고 연약해 보이셨다. 하루 밤새 20년은 더 늙어버린 듯 했다. 항상 열정으로 타오르던 두 눈조차 이제는 그 빛이 희미해졌다. 할아버지는 조각상처럼 아무 움직임 없이 의자에 웅크리고 앉아 계셨다. 밝은 햇살은 오히려 할아버지의 창백한 뺨을 더욱 도드라지게 할 뿐이었다.(<리버보이>, 113쪽)

그리고 별장 밖에서 그림을 그리는 할아버지의 모습은 후기 노년기를 맞이한 노인의 모습을 잘 보여준다.

> 얼굴이 마치 유령처럼 창백했다. 그 얼굴을 물끄러미 들여다보고 있자니, 할아버지 얼굴이 점점 더 하얗게 돼 결국에는 투명인간처럼 사라져버릴 것만 같았다. 할아버지 얼굴에서 유일하게 강렬했던 두 눈의 광채도 점점 희미해지고 있었다.(<리버보이>, 171쪽)

그동안 또렷한 눈은 생기 있는 기운을 상징하는 것으로 알려져 왔다. 그러나 노화가 진행되면 눈에 힘이 줄어드는 경우가 많다. 앞에서의 상황은 이런 점을 잘 보여준다.

노년기에 상실을 경험하면 정신건강도 더 나빠질 가능성이 크다. 그리고 정신건강이 더 나빠지면, 노인은 자신을 포기하는 상황으로까지 나아갈 수 있다. 예를 들어, 제스의 할아버지는 정신건강이 나빠지자 그림 완성도 포기하고, 제스에게 "들릴까 말까 한 낮은 목소리로" 다음과 같이 말한다.

> 이렇게 안 좋아지다니. 내가 말이다. 난… 어쩌면… 기대했었다. 이렇게 조금씩 쉬고 나면 다시 기력이 돌아올 거라고. 그런데 이제는 틀린 것 같다".(<리버보이>, 148쪽)

할아버지의 이런 포기는 절망감(패배감)을 유발한다. 그래서 제스에 따르면, 할아버지는 "포기했다는 사실 때문에 더욱더 괴로워하고 계셨다. 패배. 그것은 어떤 물리적인 고통보다도 할아버지를 더 괴롭히는 것이었다"(<리버보이>, 148쪽).

그리고 이런 절망감 때문에 건강이 더욱더 나빠지는 상황이 나타날 수 있다. 예를 들어, 제스의 할아버지는

절망에 빠진 나머지, "얼굴 근육과 미세한 신경들도 이제는 점점 무뎌지고" 있었다(<리버보이>, 149쪽).

한편, 노인의 건강이 나빠지는 것은 가족에게도 영향을 미치게 된다. <리버보이>에서는 이런 상황을 잘 보여준다. 우선, 노인의 건강이 나빠지면 가족구성원도 신경을 쓰게 된다. 예를 들어, 어느 날 제스는 "할아버지 곁에서 함께 걸었지만 혹시 말을 걸면 피곤해 하실까 봐 아무 말도 하지 않았다"(<리버보이>, 58쪽).

그리고 노인의 건강이 나빠지는 것은 가족구성원에게 아픔으로 다가온다. <리버보이>에서 제스의 다음과 같은 모습은 손녀가 할아버지의 건강이 나빠지는 것에 대해 가지는 슬픈 감정을 잘 보여준다.

> 그녀는 황급히 고개를 돌렸다. 약해진 할아버지의 모습을 보는 게 얼마나 가슴 아픈 일인지 숨기기 위해서였다. 그녀가 기억하는 할아버지는 항상 건강하고 열정과 에너지를 내뿜는 사람이었다. 이렇게 힘없이 축 늘어진 모습을 보는 것은 어쩐지 부당하다는 생각이 들었다.(<리버보이>, 18쪽)

결국, 앞에서의 여러 상황은 노년기의 상실이 노인과 가족에게 매우 부정적인 영향을 미침을 잘 보여준다.

(2) 노년기에 도움이 되는 요인

① 활동

노인에게 활동은 정신건강에 긍정적인 영향을 미친다. 그리고 노인에게 활동은 자신이 가진 능력을 펼치는 데 있어 훌륭한 도구가 될 수 있다. <리버보이>에서는 이런 점을 잘 보여준다.

제스의 할아버지는 몸 상태가 좋지 않지만, 휴가를 떠나면서도 그림 그리는 작업에 관심이 많다. 할아버지가 미술 활동을 하는 것은 활동의 여러 형태 중에서 홀로 하는 활동에 해당한다. 사실, 미술 활동은 정신건강에 매우 긍정적인 영향을 미치는 것으로 알려져 있다(노대겸 · 전영신, 2017).

미술 활동이 노인의 정신건강에 긍정적인 영향을 미친다는 점은, "할아버지는, 내가 이렇게 비교적 멀쩡하게 정신을 유지하고 있는 건 다 그림 덕분이다, 라고 흘리듯이 말씀하신 적도 있었다."는 제스의 회상에서도 잘 드러난다(<리버보이>, 53쪽).

그리고 제스의 도움을 받아 할아버지는 그림을 완성해 나가는데, 이때의 할아버지 모습에는 생기가 솟고 있다. 즉,

> 그림에 몰두했을 때 볼 수 있던 강력한 번뜩임이 지금 할아버지 얼굴에 자리하고 있었다. 할아버지가 쇠약하기 이전의 모습. 쓰러지고 난 후에도 제스가 그토록 보기 원했던 그 모습이었다.(<리버보이>, 175쪽)

이런 상황은 노인이 그림 그리는 과정에 참여하는 것이 정신건강에 긍정적인 영향을 미침을 잘 보여준다. 실제로 <리버보이>에서 그림을 완성하고 나서 할아

버지의 정신건강은 매우 좋아졌다. 예를 들어, 그림을 끝내고 나서 할아버지는 다음과 같은 반응을 보인다.

> 할아버지는 눈에 띌 정도로 활력을 찾으셨다. 별장에 도착할 때쯤 할아버지는 한껏 들떠 있었다. 아빠 엄마에게 그림을 완성했다고 말하는 할아버지 목소리에는 자긍심이 배어 있었다. 실제로 할아버지는 기분이 더 좋아졌고 기운이 솟는 것 같다고 말하기도 했다.(<리버보이>, 179쪽)

그리고 활동하는 것이 노인의 건강에 좋다는 점은 가족구성원도 잘 알고 있다. 그래서인지 <리버보이>에서 제스는 다음과 같이 당차게 말한다.

> 할아버지는 곧 그림을 완성하실 것이다. 아니, 완성하셔야만 한다. 할아버지의 인내심이 점점 더 사라지고 있으니까. 게다가 할아버지는 붓을 잡는 일이 꼭 필요했다.
>
> [...]
>
> 할아버지는 그림에 몰두하고 계신 것이다. 제스가 진정한 자신을 느끼기 위해 물이 필요한 것처럼, 할아버지도 자신의 마음속 풍경을 표현하기 위해서 붓을 잡으시는 걸 거다.(<리버보이>, 53~54쪽)

결국, 앞에서의 여러 상황은 활동하는 것이 노인에게 긍정적인 영향을 미침을 보여준다.

② 사회적 지지

노인과 관련된 사회적 지지에는 여러 가지 형태가 있다. 오늘날에는 상황이 많이 변하고 있지만, 전통적으로 노인에게 가장 중요한 형태의 사회적 지지는 가족 지지이었다.7)

＜리버보이＞에서 할아버지에게 사회적 지지를 제공하는 중요한 원천은 손녀인 제스이다. 손녀의 사회적 지지가 할아버지에게 중요하다는 점은 ＜리버보이＞의 여러 장면에서 나타난다. 예를 들어, 제스의 엄마는 제스에게 "할아버지는 너를 통해 아주 중요한 에너지를 얻고 계셔. 아빠랑 엄마 모두 그렇게 느끼고 있어."라고 말한

---

7) 적어도 겉으로 볼 때, ＜리버보이＞에서 할아버지와 아버지 사이의 관계는 좋지 않아 보인다. 그러나 제스의 엄마에 따르면, 할아버지가 죽음을 맞이할 무렵에 할아버지는 자기 아들(즉, 제스의 아버지)과의 관계를 편하게 정리한다. 따라서 아버지와 아들(제스의 할아버지와 제스의 아버지) 사이의 관계가 좋지 않은 것이 아니라, 할아버지의 가부장적이고 완고한 성격 탓에 할아버지가 자기 아들에 대한 사랑을 드러내 놓고 표현하지 않은 것일 수 있다.

다(<리버보이>, 24쪽). 또한 제스의 엄마는 제스에게 다음과 같이 말하는데, 이것은 할아버지에게 손녀의 사회적 지지가 매우 중요함을 잘 보여준다.

> "[…] 너는 그림에 대해 엄마 아빠보다 더 많이 알지? 항상 그랬으니까. 할아버지는 우리한테 말하지 않는 것도 네게는 말씀하시잖니. 그런 태도가 답답할 법도 한데 엄마는 오히려 할아버지가 너를 믿어서 기쁘다. 할아버지도 누군가 의지할 사람이 필요해."(<리버보이>, 111쪽)

그리고 가족 지지가 노인에게 중요하다는 점은 제스 할아버지의 친구인 알프레드에게도 마찬가지이다. 건강하고 유쾌한 알프레드 할아버지이지만, 알프레드 역시 "나 역시 딸과 사위가 외출하면 울적한 기분에 젖기도 한다네. 이야기 상대가 아무도 없으니까. 하지만 화요일과 일요일마다 브레머스에 사는 여동생이 놀러오네."라고 제스에게 말하기 때문이다(<리버보이>, 78쪽).

한편, 노인에게는 친구 지지도 중요하다. 가끔은 성격이 다른 탓에 친구가 성가신 존재일 수도 있지만, 같은 시기를 살았고 비슷한 경험을 한 친구는 노인에게 커다란 지지를 제공하는 인물이 될 수 있다. 이것은 건강 상태가 좋지 않은 노인에게 특히 그럴 것이다. <리버보이>에서 다음과 같은 상황은 이런 점을 잘 보여준다.

> 알프레드 할아버지는 이제 매일 찾아왔다. [...] 그녀[제스]는 이제 알프레드 할아버지가 반갑기까지 했다. 그분의 특이한 습관들도 전혀 거슬리지 않았다. 게다가 알프레드 할아버지는 사람들과 교대로 할아버지 곁을 지켰다. 할아버지와 대화하기가 썩 유쾌한 일이 아님에도 불구하고 알프레드 할아버지는 곧잘 할아버지의 말동무를 자청했다.[8](<리버보이>, 147쪽)

8) 자청은 스스로 요청하는 것을 말한다.

2) 노인의 죽음과 사별

(1) 노인의 죽음

인간은 나이가 들면 누구나 죽기 마련이다. 따라서 인간은 노년기에 이르면 죽음을 두려워할 가능성이 크다. 이것은 아무리 강한 사람이라도 예외가 아닐 것이다. <리버보이>에서는 이런 점을 잘 보여준다. 예를 들어, 평소에 굳세었던 할아버지에 대해, 제스는 다음과 같이 추측한다.

> 정작 할아버지는 자신의 상태에 전혀 신경 쓰지 않는 것처럼 보이는데, 할아버지는 아무것도 두려워하지 않았다. 일생 동안 그 무엇도 두려워하지 않았다. 적어도 겉으로는 그렇게 보였다. 하지만 지금도 그러실까? 어쩌면 속으로는 가장 최악의 결과를 염두에 두고 계실지도 모른다.(<리버보이>, 19쪽)

그리고 '리버보이'라는 주제의 그림을 완성하고 싶어 하면서, 할아버지는 "난 살 날이 얼마 남지 않았다. 정말로 얼마 남지 않았어. 내 말이 무슨 뜻인지 알지?"라고 제스에게 거꾸로 물어본다(<리버보이>, 69쪽). 이것은 노인 스스로도 죽음에 대해 많이 생각하고 있음을 보여준다.

한편, 자기와 친한 노인의 죽음은, 사랑하는 사람을 잃는 것(상실)을 의미한다. 따라서 건강이 나빠진 노인이 있는 가족구성원은 노인의 죽음에 대해 불안해하고 두려워할 수밖에 없다. <리버보이>에서는 이런 점을 잘 보여준다. 예를 들어, 제스 가족의 다음과 같은 분위기는 이런 점을 잘 보여준다.

> 최악의 상황… 그것은 할아버지가 쓰러지신 후로 줄곧 가족들의 마음을 괴롭히고 있었다. 하지만 누구도 그것을 입 밖에 내지는 않았다.(<리버보이>, 19쪽)

특히, 건강이 나빠지고 있는 노인을 바라보는 가족구성원은 노인의 죽음에 대해 항상 생각하지 않을 수 없다. 예를 들어, <리버보이>에서 제스는 "할아버지의 정신력에 감탄하고 있었지만 그렇다고 할아버지의 쇠약해진 모습을 손 놓고 보고 있을 수만은 없었다. 그것은 생각보다 괴로운 일이었다. 결국 우리 곁을 떠나시는 걸까?" 하고 걱정한다. 그러면서 제스는 "아니, 그런 일은 있을 수 없다."라고 마음을 굳세게 먹지만(<리버보

이>, 36쪽), 이것은 노인의 죽음을 볼 가능성이 그만큼 크다는 점을 거꾸로 표현한 것이리라.

그리고 노인의 죽음에 대해 가족이 느끼는 두려움은, 건강 상태가 점점 나빠지고 있는 할아버지에 대해 다음과 같이 인식하는 점에서 잘 드러난다.

> 내일… 내일은 어떤 일이 일어날까. 할아버지에게는 얼마나 많은 내일이 남아 있을까. 할아버지는 앞으로도 항상 곁에 있을 것처럼 말했다. 제스 역시 그 낙천적인 이야기들을 들으며 즐거워했지만 그녀는 알고 있었다. 제스가 알고 있는 내일은 단 하루뿐이었다. 그 앞에 펼쳐져 있을 '다른 내일'들은 바로 다음 순간 다가올 '내일'이 지난 후에야 생각할 수 있을 것이다.(<리버보이>, 183쪽)

(2) 사별

인간에게 사별은 처음에는 추상적이지만 나중에는 현실적으로 다가온다. <리버보이>에서는 이런 점을 잘 보여준다. 우선, 사별은 처음에는 추상적으로 다가온다. 예를 들어, 제스는 "할아버지의 죽음을 의식하고 있었지만 그것은 말 그대로 애매모호한 것일 뿐 구체적인 두려움은 아니었다."고 인식한다. 그러다가 사랑하는 사람이 크게 아프면, 사별이 현실에 가까워진다. 제스에게 역시, 할아버지의 죽음에 따른 사별이 "이제 점점 현실로 다가오고 있었다"(<리버보이>, 150쪽).

사별에는 슬픔이 따른다. 예를 들어, 제스의 할아버지가 돌아가신 후, 제스는 "엄마와 아빠처럼, 특히 아빠가 그렇듯이 깊은 슬픔에 잠길 것이다. 그 슬픔은 깊고, 그것이 일으키는 아픔은 클 것이다."고 생각하며 과거를 떠올린다(<리버보이>, 227쪽).

그러나 세월이 흐르면서, 인간은 사별에 따른 슬픔을 잘 이겨낸다. 따라서 제스는 "지금은 괜찮지 않지만, 그리고 한동안은 괜찮지 않겠지만, 언젠가는 괜찮아질 것이다."라며 마음을 추스른다(<리버보이>, 227쪽). 이것은 제스의 가족 모두에게 해당한다. 예를 들어, 제스가 다음과 같이 생각하는 것은 이런 상황을 잘 보여준다.

> 아빠 역시 슬퍼할 수 있을 만큼 슬퍼한 후에는 다시 마음을 추스를 것이다. 울어야 할 순간에 울음을 참으면 병이 난다. 그 시간을 충분히 누린다면 모든 것은 제자리를 찾아갈 것이다. 그녀가 그런 것처럼, 아빠에게는 언제나 강하고 결단력 있는 엄마와 아빠를 진정으로 사랑하는 딸이 있다. 그리고 그들에게는 서로에 대한 추억이 있었다. 그것이 앞으로 살아갈 날들을 위한 힘이 될 것이다.(<리버보이>, 231쪽)

3) 세대의 연속

(1) 삶과 죽음에 대한 비유로서의 강

<리버보이>에서 계속 나타나는 것은 흐르는 강(리버)이다. 제스는 별장에 처음 도착해서 들은 강물 소리를 자신의 '영혼을 사로잡은 소리'라고 표현한다(<리버보이>, 30쪽). 이것은 <리버보이>에서 강이 중요함을 넌지시 깨우쳐 준다. 즉, 인간이 사는 삶의 단계와 세대

연속을 강을 통해 보여준다.

우선, 강은 한 개인의 삶이 지나가는 모습을 보여준다. 예를 들어, 제스가 강물에 들어가 내려다보니 강의 폭이 넓어지고 물살이 약해지는데, 제스는 이런 변화에 감탄한다. 이런 변화는 "빠르게 내달리던 조그만 경주견이[9] 눈 깜짝할 사이에, 느리고 덩치 큰 개로 변해서 더 이상 서두르지 않고 여유롭게 제 갈 길을 가는 것 같았다"(<리버보이>, 44~45쪽). 결국 강의 흐름처럼, 인간도 젊고 팔팔한 상태에서 느리고 활동력이 낮아지는 상태로 변한다.

그리고 강은 삶이 영원히 계속됨을 보여준다. 예를 들어, 휴가를 보내려고 온 별장에 도착해 차에서 내리면서, 할아버지는 강에 대해 "이건 그냥 작은 강줄기가 아니야. 바로 저 아래쪽에서 제법 큰 강으로 변하지."라고 말한다(<리버보이>, 32쪽). 이것은 강은 인생이고, 강으로 비유되는 인생은 계속 이어짐을 넌지시 알려준다.

---

9) 경주견은 빠르기를 겨루는 대회에 나가기 위해 훈련된 개를 말한다(표준국어대사전).

실제로 강은 시작하는 지점(시작점)에서부터 마지막 지점(종착점)인 바다까지 여러 굽이를 이루며 흘러간다. 한 인간의 삶은 말할 것도 없고, 인간 집단이나 조직이 지나가는 자취도 강의 흐름과 다르지 않아 보인다.[10)]이런 점은 제스와 리버보이가 강의 시작점에 올라가 나누는 대화에서 솔직하게 드러난다.[11)]

> 그녀는 눈을 바다에서 떼지 못한 채 소년 옆에 앉았다.
> "저렇게 멀리까지 보일 줄은 몰랐는데. 이건 마치… 마치….”
> 그녀는 마치 성스러운 장소에 있는 사람처럼 소리 죽여 속삭이고 있었다.
> "사람의 일생을 보는 것 같지?”
> "일생이라고?”
> 그녀는 그의 말이 무슨 뜻인지 알면서도, 고개를 돌려 다시 소년을 바라보았다.
> "강의 일생일 수도 있고.”
> 그의 눈은 수평선에 고정되어 있었다.

---

10) 이런 측면에서 쿠퍼(Cooper)는 강은 삶과 죽음을 보여주는 자연스러운 비유라고 평한 바 있다(Wikipedia, 2025b).

11) 사실, 이 부분은 독자가 상상할 부분에 대해 작가가 미리 답을 주어서 김이 빠지는 측면이 있다.

"강은 여기에서 태어나서, 자신에게 주어진 거리만큼 흘러가지. 때로는 빠르게 때로는 느리게, 때로는 곧게 때로는 구불구불 돌아서, 때로는 조용하게 때로는 격렬하게. 바다에 닿을 때까지 계속해서 흐르는 거야." [...]

"강은 바다로 가는 중에 많은 일을 겪어. 돌부리에 차이고 강한 햇살을 만나 도중에 잠깐 마르기도 하고. 하지만 스스로 멈추는 법은 없어. 어쨌든 계속 흘러가는 거야. 그래야만 하니까. 그리고 바다에 도달하면 다시 새로운 모습으로 태어날 준비를 하지. 그들에겐 끝이 시작이야."(<리버보이>, 192~193쪽)

결국, 강은 계속 흐른다. 즉, “강은 한순간도 멈추지 않고 계속해서 바다로 흘러가고 강은 결코 잠드는 법이 [없다]”(<리버보이>, 184쪽). 따라서 강으로 비유되는 인생에서는 가족을 통해 맺어지는 세대가 계속해서 사라짐과 시작을 반복한다.

무엇보다도, 강을 통한 세대 연속의 측면은 <리버보이>의 첫 부분에서 주인공인 제스가 다음과 같이 과거를 되돌아보며 생각하는 데서 잘 드러난다.

> 그녀는 훗날 그 사건을 곰곰이 되짚어보면서, 리버보이가 항상 자신의 일부분이었다는 것을 깨달았다. 가슴에 품은 절실한 꿈처럼, 리버보이 역시 언제나 그녀의 일부분이었던 것이다. 그것은 그녀 스스로도 부정할 수 없는 진실이었다.
> 그리고 그 꿈은, 리버보이는, 그녀의 삶 자체이기도 했다.(<리버보이>, 7쪽)

(2) 세대 연속의 시작

‘리버보이’는 제스의 할아버지가 그린 그림의 제목이다. 할아버지가 자신이 그린 그림의 뒤에 리버보이라는 제목을 직접 적어놓은 것이다. 그 그림을 처음 본 순간, 제스는 '리버보이'라는 "글자가 자신에게도 왠지 아주 중요한 것처럼 느껴졌다"(<리버보이>, 22쪽). 물론 그 당시에는 이유를 알 수 없었다.

그러다가 제스가 이상한 소년(이른바, 리버보이)의 존재를 인식하면서부터, 세대 연속의 막이 열리기 시작한다. 우선, 별장에 도착해서 제스는 수영하다가 다음과 같이 리버보이의 존재를 느낀다.

> 그런데 갑자기 알 수 없는 시선이 느껴졌다. 제스의 몸이 한순간 뻣뻣해졌다. 이곳에 누군가가 있다. 나 아닌 다른 누군가가, 그런 느낌이 강하게 머릿속을 덮쳤다. 제스는 동작을 멈추고 강과 둔치 주변을 두리번거렸다. 누군가 지켜보고 있다.
> 그러나 그곳에는 아무것도 없었다. [...]
> 그러나 누군가 있다는 느낌은 좀처럼 없어지지 않았다. 그리고 집으로 돌아가는 그 순간에도 혼자가 아니라는 느낌이 점점 크게 그녀를 덮쳤다.(<리버보이>, 49~50쪽)

앞에서와 같이, 제스는 확실하지는 않지만 느낌으로만 리버보이와 처음으로 만난다. 그러다가 드디어 리버보이를 만난다. 제스가 보기에 리버보이는 물과 하나가 된 것 같았는데, “강에서 막 알을 깨고 태어난 생명처럼” 보였다(<리버보이>, 121쪽). 이것은 리버보이를 처음 만날 당시에는 리버보이가 젊지만, 얼마 후면 알에서 깨어난 생명이 ‘강’이라는 삶의 공간에서 성장하고 쇠퇴하리라는 것을 넌지시 깨우쳐 준다고 볼 수 있다.

(3) 세대 연속의 과정

리버보이를 만나고 난 후, “제스는 알 수 없는 어떤 힘이 자신을 끌어당기는 것 같았다. 강이 바다로 이끌리듯, 깊고 강렬한 어떤 것이 그녀가 저항할 수 없는 맹렬한 힘으로 끌어당겼다”(<리버보이>, 134쪽). 드디어 제스는 세대 연속의 과정에 들어가게 된 것이다.

그러다가 제스는 밤에 어둠 속에서 할아버지의 그림을 보다가 이상한 감정을 느낀다. 즉, “그때였다. 이상하게도 그림 속 풍경이 밖에서 흐르고 있는 강의 풍경과 하나로 합쳐지는 듯했다. 갑자기 차가운 공기가 몸을 관통하고 지나가는 듯해 제스는 몸을 부르르 떨었다"(<리버보이>, 138쪽). 드디어 그림(할아버지)과 현실(제스)이 서로 합쳐져서 세대 연속의 흐름에 본격적으로 들어갈 준비운동을 하게 된 것이다.

또한 제스가 리버보이와 처음으로 서로 직접 만나 대화하기 전의 어느 날, 제스는 리버보이를 보다가 "시간이 계속 흐를수록 그[리버보이]가 무엇인가를 기다리고 있다는 확신이 점점 더 커졌다. 바로 자신을."이라고[12] 느낀다(<리버보이>, 144쪽). 이 기다림은 제스와 할아버지가 서로 연결되기를 기다리는 것이고, 이것은 결국 세대 연속이 진행되기를 기다리는 것이리라.

한편, 제스의 할아버지는 리버보이라고 이름을 붙인 그림을 별장에서 완성하고 싶어 한다. 그래서 할아버지는 제스에게 "난 그림을 완성하고 싶단다. 이곳에서 완성하고 싶어. 병원으로 가고 싶지는 않다. 아직은 말이야."라고 하소연한다(<리버보이>, 69쪽). 그러나 할아버지는 몸이 말을 듣지 않아 어려움을 겪는다.

---

12) "바로 자신을"의 영어 원문은 "For her"이다.

이런 어려움을 해결하기 위해 <리버보이>에서는 세대 연속에 주목하는데, 세대 연속의 과정을 할아버지의 그림 완성으로 풀어 나간다. 먼저, 리버보이는 제스에게 할아버지가 그림을 완성하는 것을 도와주라고 하는데, 이것은 세대 연속의 구체적 과정을 제시하는 셈이다.

세대 연속의 구체적 과정은 제스와 리버보이가 만나는 것으로 시작된다. 리버보이가 울고 있는 제스에게 우는 이유를 물음으로써, 제스와 리버보이의 첫 만남은 시작된다. 첫 만남에서 둘은 다음과 같이 이야기를 나누는데, 여기에서 리버보이는 제스에게 세대 연속 작업에 들어가는 데 사용할 열쇠를 제공한다.

> "할아버지가 죽어가. 그런데 누구도 할아버지를 도와줄 수 없어. 할아버지는 점점 시들어가고 있어. 게다가… 마지막으로 꼭 하고 싶었던 일도 포기한 채 죽어가고 있어." [...]
> "완성해야 할 그림이 있어. 할아버지에게 아주 중요해. 그런데 더 이상 할 수 없어. 할아버지, 이제 힘이 없거든." [...]

> "네가 하면 되잖아." [...]
> "하지만 난 그림을 못 그려."
> "할아버지가 널 도와주실 거야." [...]
> "하지만 할아버지는 손에 힘이 없어. 내가 말했잖아." [...]
> "지금부터는 네가 할아버지의 손이야."(<리버보이>, 155~156쪽)

그래서 다음과 같이, 제스는 할아버지에게 할아버지의 손이 되어 그림을 그리겠다고 한다. 이것은 세대 연속 작업을 구체적으로 실행하자고 제안하는 것이라고 볼 수 있다.

> "할아버지는 그림을 그릴 거예요."
> "손을 제대로 쓸 수 없다고 말했잖아. 힘이 하나도 없는데 어떻게 그림을 그린다는 거냐?"
> 그녀는 몸을 앞으로 기울여 할아버지의 얼굴을 똑바로 바라봤다.
> "하지만 제가 있잖아요. 제 손이 있잖아요. 우리 함께 그림을 끝내요."(<리버보이>, 166~167쪽)

드디어 할아버지가 그림 작업을 하는 날, 할아버지가 "난 도무지 어떻게 이 일을 시작해야 할지 모르겠구나. 난 붓도 제대로 들 수 없고 네 도움 없이는 팔도 올릴 수 없는데."라고 하자, 제스는 "우리가 할 거예요. 둘이 서요."라고 멋지게 받아들인다(<리버보이>, 172쪽).

제스의 도움을 받아 할아버지는 그림을 그리기 시작하고,[13] 마침내 그림 작업을 마치게 된다. 다만, 그 그

13) 그런데 할아버지가 사용하는 색은 항상 검은색이다. 예를 들어, "할아버지는 오른쪽 윗부분을 검은 반점으로 덮은 다음 다시 왼쪽 부분을 채우기 시작했다. 여전히 검은색이었다"(<리버보이>, 176쪽). 일반적으로 검은색은 어둠, 비어 있음, 죽음, 상실과 같은 것을 의미하는 것으로 알려져 있다. 그러나 검은색은 시작이나 신비의 의미도 담고 있다(노대겸 · 전영신, 2017). 따라서 할아버지가 검은색을 사용하는 것은 죽음이라는 의미와 시작이라는 의미를 동시에 포함하고, 이것은 한 세대의 끝과 다음 세대의 시작을 통해서 세대 연속이 되고 있음을 나타낸다고 볼 수도 있다.

림에 소년이 보이지 않는다는 점은 제스에게 의문으로 남는다.

제스가 할아버지의 그림 작업을 도와준 날 오후에, 잠에서 깨어난 할아버지와 제스가 나누는 대화는 세대 연속의 과정을 잘 보여준다. 무엇보다도 그림 작업은 함께 한 것이기 때문이다.

> "난 네가… 네가… 참…."
> "할아버지, 애쓰지 마세요."
> "참 자랑스럽다, 네가 참 자랑스러워…."
> "저도 할아버지가 자랑스러워요. 우리가 함께 한 일이에요."(<리버보이>, 182쪽)

그러나 제스에게는 세대 연속 작업이 미심쩍은 구석이 있다. 무엇보다도 할아버지의 그림에 리버보이가 없기 때문이리라.

하지만 리버보이의 정체는, 할아버지가 쓰러져 병원으로 실려간 후 알프레드 할아버지를 통해서 드러난다. 제스가 리버보이가 떠나는 모습을 보느라 별장에 없어서 알프레드는 제스를 기다렸는데, 제스가 별장으로 오자 알프레드는 할아버지의 자화상에 대해 묻는다. 제스가 무슨 뜬금없는 소리냐고 물어보니, 알프레드는 리버보이 그림을 가리킨다. 그제야 제스는 할아버지의 리버보이 그림을 "마치 처음 보는 것처럼" 살펴본다. 거기에는 "검은 얼룩은 머리카락, 안개로 덮인 물길들은 코와 입, 검은 점들은 눈처럼 보였다. 거기에는 얼굴이 있었다." 제스는 "어떻게 지금까지 그 얼굴을 알아보지 못했을까. 불과 얼마 전에 폭포에서 마주쳤던 그 얼굴을. 나의 '리버보이'를." 하며(<리버보이>, 206~207쪽) 한탄(?)과 감탄(?)을 내뿜는다.

아아! 리버보이는 할아버지 그림 속에 분명히 있었으며, 리버보이는 할아버지이었던 것이다. 그리고 그림 속의 리버보이는 할아버지이면서, 동시에 제스 세대와 할아버지 세대를 연결하는 인물(매개자)이었던 것이다.

(4) 세대 연속의 마무리

리버보이는 첫 만남에서 제스에게 할아버지의 그림 완성을 도와주라고 이야기한다. 그리고 나서 자기를 도와달라고 부탁한다. 리버보이에 따르면, 그 일은 리버보이에게 "정말로 중요한 일"이고, 리버보이의 "인생에서 가장 큰 도전"이다(<리버보이>, 157~158쪽).

드디어 할아버지의 그림이 완성된 후, 리버보이는 이제 강을 보내야 할 시간이라서 강을 떠나겠다고 한다. 리버보이는 "이제 강을 보내줘야 해. 마냥 붙들고 있을 순 없어."라고 말한다(<리버보이>, 193쪽). 이것은 이제 세대 연속의 마무리 작업에 들어가겠다는 말로 보인다. 그러고 보니 리버보이인 "소년의 눈 속에서 이글거리던 강렬한 불꽃이 점차 희미해졌다"(<리버보이>, 195쪽). 이것은 할아버지의 죽음이 가까워졌음을 넌지시 암시한다.

그리고 리버보이는 다음과 같이 폭포에서 멋지게 몸을 날리는 모습으로 떠난다.

> 그녀[제스]는 입을 벌린 채 그 모습을 멍하니 바라보았다. 리버보이가 공중으로 몸을 날렸을 때 그의 모습은 정말이지 완벽해 보였다. 소년의 일부는 물고기이고 일부는 새였으며 일부는 인간이고 일부는

다른 무엇이었다. 어쨌거나 소년의 모습은 더없이 아름답고 우아했다.(<리버보이>, 196쪽)

이처럼 리버보이가 떠나는 모습은 할아버지가 죽는 과정을 보여주지만,[14] 제스는 리버보이가 몸을 날리는 모습을 "뭐라고 정의할 수는 없지만, 그 모습 자체가 바로 소년이었으며 또한 그녀의 일부분이기도 했다."고 인식한다(<리버보이>, 196쪽). 이것은 세대 연속이 이제 마무리 단계에 들어가고 있음을 보여주는 것이다.

결국, 리버보이가 수영하면서 강의 시작점에서부터 강이 끝나는 바다까지 감으로써, 세대 연속은 마무리된다. 그리고 알프레드 할아버지 덕분에 할아버지의 그림 속에서 리버보이를 확인한 후, 제스는 수영하며 리버보이가 갔던 길을 따라가 본다. 그러면서 제스는 "리버보이는 유령이 아니라 요정이었다. 그것은 할아버지의 삶이 일으킨 축복이자 자신에게 찾아온 축복이었다. 그리고 지금 그녀는 자신의 가장 큰 희망을 이루기 위해 이

14) 그러하기에, 제스가 리버보이를 이렇게 보내고 별장으로 돌아와 보니, 할아버지는 쓰러져 병원으로 옮겨진 상태였다.

렇게 헤엄치고 있는 것이었다."라고 속삭인다(<리버보이>, 210쪽).

수영하다가 리버보이를 만난 제스는 리버보이와 함께 헤엄쳐 나가면서 강의 끝 무렵에 이르자, "이곳에 깊고 강력하고 무한히 신비로운 어떤 힘이 솟구치고 있다는 것을 깨달았다"(<리버보이>, 217쪽). 따라서 이제 제스는 청춘처럼 세대를 이어 신비롭게 새로운 시작을 할 것이리라.

세대 연속이 잘 이루어졌음은, 제스가 병원으로 왔을 때 할아버지의 마지막 모습을 알리는 장면에서 잘 드러난다. 제스가 없어 경찰이 제스를 찾고 있었는데, 제스의 할아버지는 "제스는 걱정 마라. 그 애는 괜찮을 거다. 그 애는 괜찮을 거야."라고 "굉장히 확신에 찬 어조로" 말하였다는 것이다(<리버보이>, 214쪽).

또한 세대 연속의 마무리는 할아버지가 편하게 세상을 떠나고 난 후의 모습에서도 잘 드러난다. 죽은 할아버지의 모습에서 제스는 평화로움을 본다. 그리고 엄마를 통해, 제스는 할아버지의 편안한 죽음에 대해 알게 되고, 할아버지가 인생의 지휘봉을 넘겨준 세대(제스)에 대해 가지는 끝없는 신뢰를 알게 된다.

> [제스]는 이 연약하고 아름다운 노인의 얼굴을 내려다보았다. 거기에는 고통도, 분노도, 실망도 없었다. 그 얼굴은 너무도 완벽하게 고요해서, 마치 할아버지가 그린 그림처럼 보였다. 그녀는 이런 할아버지의 얼굴을 본 적이 없었다.
> 하지만 이제 이 얼굴은 더 이상 할아버지가 아니었다. 그녀가 항상 지켜봤고 항상 기억하고 싶은 할아버지는 이토록 조용하게 눈을 감고 있는 할아버지가 아니었다. 영원히 살아있는, 영원히 젊고 강한 할아버지였다. 엄마가 나지막한 음성으로 말했다.
> "정말로 대단하셨단다. 정말이지 믿어지지 않을 정도였어. 마지막 순간에 할아버지는 전혀 괴로워하지 않았어. 그저 네 얘기만 하셨단다."(<리버보이>, 226쪽)

그리고 할아버지의 죽음 앞에 슬퍼하면서도, 제스는 세대 연속을 잘 마무리해서 자신의 인생을 잘 헤쳐 나가겠다고 다짐한다.

> 그녀는 그 슬픔을 원했다. 그것은 자연스럽고 당연했다. 이 괴팍하고 위대한 노인의 죽음이 자연스럽고 당연한 것처럼. 그리고 제스에게는 더 많은 내일이 놓여 있는 것처럼. 그녀는 할아버지가 그랬듯이 앞으로 더 많은 내일을 살 것이고 더 성장할 것이다.(<리버보이>, 227쪽)

이어서 제스는 강의 시작점에 가서 할아버지의 유골을 뿌리며, 리버보이가 "강은 끝에 도달했을 때 비로소 새로운 모습으로 부활한다."고 한 말을 떠올린다. "그때 그녀는 그 말을 이해하지 못했지만 이제는 그 의미를 알 수 있었다." 그러면서 제스는 "또다시 삶은 계속될 것이다. 고통스러울 필요는 없었다. 단지 때가 되면 누그러질, 건강한 슬픔만이 있을 뿐이었다."라고 생각하면서 나머지 유골을 뿌려 나간다(<리버보이>, 236쪽). 그러고 나서 유골 항아리를 물속에 던지고 자신도 폭포 아래로 뛰어든다. 이 상황은 제스가 세대 연속에 따른 새로운 첫발을 힘차게 내딛는 모습을 보여준다.

5. 마무리하며

보울러의 소설인 <리버보이>에서는 말없이 영원히 흐르는 강의 거대함과 섬세함을 인간 세대가 연속되어 이어지는 측면과 연관시킨다. 그러기에 <리버보이>는 인생에 대한 철학뿐만 아니라, 어떤 면에서는 종교적 의미도 많이 담고 있다.

인간의 삶을 세대가 연속되는 과정이라고 보면, 삶도 아름답지만 죽음도 아름다운 것이다. 자신의 죽음은 릴레이 경주에서 배턴(baton)을 다음 사람(자식 세대)이나 그다음 사람(손자 · 손녀 세대)에게 즐겁게 물려주는 것이라고 볼 수 있기 때문이다. 따라서 자신의 죽음은 미래의 즐거움이기도 하다.

그러므로 <리버보이>는 인간은 인생이라는 강물을 편하게 바라볼 필요가 있고, 행복하게 죽음을 맞이할 필요가 있다는 교훈을 준다.

PART

3

노년기를 슬기롭게 보내기 위한 지침

제6장
세 편의 소설에서 얻는 지혜

노인이 높은 수준의 삶의 질을 누리기 위해서는 노년기의 어려움을 잘 헤쳐 나가야 한다. 노년기의 어려움을 슬기롭게 헤쳐 나가는 것은 노년기의 삶의 질에 직접·간접적으로 큰 영향을 미친다.

앞에서 제시한 세 편의 소설에서는 노년기의 상황을 구체적으로 보여주고, 이런 상황에서 어려움을 잘 이겨내는 지혜를 제시한다.

세 편의 소설에 근거할 때, 노년기를 슬기롭게 보내기 위해서는 다음과 같이 할 필요가 있다.

① 노년기에 겪는 상실을 자연스럽게 받아들인다 : 모든 사람은 노년기에 상실을 경험한다. 자신뿐만 아니라, 다른 모든 노인도 힘들다. 노년기에 상실을 경험하는 것은 거스를 수 없는 자연의 이치이다. 그러므로 노년기에 어려움을 겪는 것을 부정적으로 생각하지 말고, 그대로 인정하고 받아들여야 한다. 그것이 정신건강에도 좋다.

② 사람과 자주 교류한다 : 노년기에는 움츠러들기 쉽다. 그러나 사회적 지지는 모든 생활 단계에서 긍정적인 영향을 미친다. 이것은 노년기에 특히 해당한다. 그러므로 노년기에는 가족구성원, 친구

그리고 지역사회 주민과 자주 교류하고 지역사회 활동에 적극적으로 참여하여야 한다.

③ 자기 능력을 긍정적으로 인식한다 : 노인은 쓸모 있는 존재이다. 물론 노년기에는 신체적으로 힘이 부족하고, 잘 기억하지 못할 수 있지만, 노인이 쌓은 경험과 지혜는 노인만이 가지는 귀한 자산이다. 이것은 돈 주고도 살 수 없는 것이다. 자기 능력을 긍정적으로 인식하는 것은 삶의 질에도 매우 긍정적인 영향을 미친다. 그러므로 노년기에는 자기가 그동안 쌓은 경험과 지혜에 대해 자신감을 가지면서 이것을 쓸모 있게 사용하여야 한다.

④ 활동한다 : 노년기에 할 수 있는 활동에는 취미 활동, 여가 활동, 자원봉사 활동 등 여러 가지가 있다. 활동은 노년기의 여러 영역에서 매우 긍정적인 영향을 미친다. 그러므로 노년기에는 자기 상황에 맞는 범위에서 적극적으로 활동하여야 한다.

참고문헌

김소영 · 노병일(2018). 지역사회 의료기관 거주 정신장애인의 삶의 만족도에 영향을 미치는 개인 · 가족 · 기관 요인. 지역사회연구, 26(2), 103−118.

김욱동(2011a). 작품 해설(노인과 바다). 노인과 바다 번역본, 129−186.

김욱동(2011b). 작가 연보(노인과 바다). 노인과 바다 번역본, 187−193.

노대겸 · 전영신(2017). 알기 쉬운 미술치료 · 사진치료. 경기 파주: 양성원.

노병일(2002). 사회보장론(개정판). 서울: 대학출판사.

노병일(2015). 생태학적 관점에 따른 사회자본과 아동발달 사이의 관계. 열린부모교육연구, 7(1), 85−100.

노병일(2020). 사회보장론(제4판). 경기 고양: 공동체.

노병일(2021). 사회복지정책론(제3판). 경기 고양: 공동체.

노병일(2022). 사회문제론(제2판). 경기 파주: 양서원.

노병일(2024). 사회복지와 인권. 경기 고양: 공동체.

노병일(2025). 노인복지론(제2판). 서울: 동문사.

노병일(2025). 아동복지론(제5판). 경기 고양: 공동체.

노병일 · 노대겸(2025). 가족정책론(제2판). 서울: 동문사.

노병일 · 모선희(2007). 사회적 지지의 수준과 차원이 노인 우울에 미치는 영향. 한국노년학, 27(1), 53−69.

노병일 · 심희숙(2013). 사회적 지지와 지역사회 사회자본이 미취학 아동의 자기효능감에 미치는 영향에 관한 탐색적 연구. 정신보건과 사회사업, 41(1), 90−113.

베르베르, 베르나르(이세욱 옮김)(2002, 2008년 번역). 황혼의 반란. 나무, 76−96. 경기 파주: 열린책들.

보울러, 팀(정해영 옮김)(2007). 리버보이. 서울: 다산책방.

전영신 · 노병일 · 노대겸(2021). 유리공예 프로그램이 농촌 주민의 자기효능감에 미치는 영향. 사회과학논문집, 40(1), 3−13.

한국방송공사(2002). 서상록씨 '노권당 대선 후보로 추대돼'. http://news.kbs.co.kr/news/view.do?ncd=359178

헤밍웨이, 어니스트(김욱동 옮김)(1952, 2012년 번역). 노인과 바다. 서울: 민음사.

Bandura, A.(2000). Self-efficacy. In Encyclopedia of Psychology(Volume 7), edited by A. E. Kazdin, New York: Oxford University Press.

Barker, R. L.(2003). Social Work Dictionary(5th ed). Washington D.C.: NASW Press.

Beveridge, W.(1942). Social Insurance and Allied Services. London: Her Majesty's Stationery Office.

Bowler, T.(1997). River Boy. Oxford, UK: Oxford University Press.

Ko, H-C., Wang, L-L, & Xu, Y-T.(2013). Understanding the different types of social support offered by audience to A-list diary-like and informative bloggers. Cyberpsychology, Behavior and Social Networking, 16(3), 194-199.

Wikipédia(프랑스어판)(2025). L'Arbre des possibles. https://fr.wikipedia.org/wiki/L%27Arbre_des_possibles

Wikipedia(2025a). Death. http://en.wikipedia.org/wiki/Death

Wikipedia(2025b). Ernest Hemingway. https://en.wikipedia.org/wiki/Ernest_Hemingway

Wikipedia(2025c). River Boy. http://en.wikipedia.org/wiki/River_Boy

Wikipedia(2025d). The Old Man and the Sea. https://en.wikipedia.org/wiki/The_Old_Man_and_the_Sea

Wikipedia(2025e). Tim Bowler. https://en.wikipedia.org/wiki/Tim_Bowler

사진 출처

△ **제3장**(순서대로)

* 가다가 힘들어 앉아 있는 노인(출처 : 이탈리아에서 저자 촬영)
* 사회보장기관 안내간판(출처 : 영국에서 저자 촬영)
* <세계 나이(연령)차별 보고서>(2021년, 세계보건기구(WHO) 발간)(출처 : 전체 버전과 요약 버전의 표지를 캡처)
* 노인과 아동이 함께 하는 원예 활동(출처 : 영국에서 노대겸 님 촬영)
* <나무>(베르베르 지음, 한국어 2008년, 열린책들 발간)(출처 : 표지 일부를 캡처)
* <황혼의 반란>의 줄거리 소개(출처 : 위키피디어 프랑스판(Wikipédia)을 캡처)

△ **제4장**(순서대로)

* 노인이 된 스승과 노인이 되어가는 제자의 만남(출처 : 전영신 님 제공)
* 오토바이를 타고 해안을 달리는 노인(출처 : 전영신 님 제공)
* <The Old Man and the Sea/제1판>(Hemingway 지음, 1951년, Scribners 발간)(출처 : 표지를 캡처, public domain)
* <노인과 바다>(헤밍웨이 지음, 한국어 2011년, 민음사 발간)(출처 : 표지 일부를 캡처)

△ **제5장**(순서대로)

* 그림 그리는 노인(출처 : 이탈리아에서 저자 촬영)
* 묘지(출처 : 미국에서 저자 촬영)
* 어느 4대 가족의 야외 모임(출처 : 저자 촬영)
* <River Boy>(Bowler 지음, 1997년, Oxford University Press 발간)(출처 : 표지 일부를 캡처)
* <리버보이>(보울러 지음, 한국어 2007년, 다산책방 발간)(출처 : 표지 일부를 캡처)

부록 : 노년기(노인)와 관련된 문학 작품을 소개한 사이트

우리나라에서 노년기(노인)와 관련된 문학 작품을 소개한 사이트는 드문 편이지만, 외국에는 노년기(노인)와 관련된 문학 작품을 소개한 사이트가 몇 군데 있다. 다만, 해당하는 문학 작품이 우리나라에 모두 번역된 것은 아니고, 이런 문학 작품이 노년기 삶을 깊이 이해하는 데 반드시 큰 도움이 되는 것은 아니다.

노년기(노인)와 관련된 문학 작품을 소개한 사이트를 몇 군데 소개하면 다음과 같다.

△ 매력적인 노인 주인공이 등장하는 책 17권(17 books featuring charming older protagonists)

https://www.bookbub.com/blog/books-with-charming-older-protagonists

△ 노인들이 꼭 읽어야 할 책 6권(6 books that are an absolute must-read for seniors)

https://www.primuslife.in/blog/6-books-that-are-an-absolute-must-read-for-seniors

△ 노화에 대한 책 10권(Top 10 books about growing old)

https://www.theguardian.com/books/2017/dec/13/top-10-books-about-growing-old

저/자/약/력

■ **노병일(盧炳一)**

대전 출생
서울대학교 졸업(학사)
공주대학교 대학원 졸업(사회복지학 석사)
미국 뉴욕주립대학교 대학원 졸업(사회학 석사, 사회학 박사)
대전대학교 지역협력연구원장 역임
대전대학교 사회복지연구소장, 지역발전연구소장 역임
중앙공무원 사회복지학 시험문제 출제위원, 시험문제 선정위원 역임
전국 종합사회복지관 평가위원, 전국 지역아동센터 평가위원 역임
사회복지공동모금회 대전광역시지부 배분위원 역임
대전광역시 사회복지위원, 건강가정위원 역임
대전대학교 사회복지학과 교수 역임
부스러기 사랑나눔회 이사(현재)
유섭사회복지연구회 고문(현재)
동그라미발달연구소 사회적협동조합 고문위원(현재)
행복한 어르신복지관 운영위원(현재)
국공립 예뻐뽀어린이집 운영위원(현재)

〈주요 저서〉

『노인복지론』(2025, 제2판)
『새로운 복지시선: 사진 속 삶과 쉼』(2025, 포토 에세이)
『아동복지론』(2025, 제5판)
『가족정책론』(2인 공저, 2025, 제2판)
『사회복지와 인권』(2024)
『학교사회복지론』(2024, 제2판)
『청소년복지론』(2인 공저, 2024, 제2판)
『사회복지조사론』(2023)
『사회문제론』(2022, 제2판)
『빈곤론』(2022, 제2판)
『청소년문제와 보호』(2022)
『사회복지정책론』(2021, 제3판)
『현대 산업복지론』(2021, 제3판)
『사회보장론』(2020, 제4판)
『아동권리와 복지』(2018)
『현대 사회복지의 이해』(2017)

저/자/약/력

『사회복지조사론』(5인 공저, 2014, 제2판)
『사회복지관련 지역·예술자원의 활용과 취약집단』(편저, 2011)
『취약지역의 사회적 배제』(2006)
『East Asian Cooperation in the Glocal Era』(영문 공저, 2006)
『지역 노인의 사회적 지지와 우울』(2인 공저, 2005)
『주거빈곤층의 삶과 터전』(2인 공저, 2004)

〈주요 논문(노인 관련)〉

- "노인의 사회적 배제와 이에 따른 케어복지적 함의"
- "사회적 지지의 수준과 차원이 노인 우울에 미치는 영향"
- "노인의 우울에 영향을 미치는 요인에 대한 연구"
- "자아존중감과 우울이 일자리사업 참여 노인의 생활만족도에 미치는 영향"
- "재가 치매노인에 대한 회상활동의 우울 감소 효과"
- "평생교육 프로그램 이용 노인의 자아존중감과 사회적 지지가 생활만족도에 미치는 영향"
- "요양보호사의 직무만족 결정 요인"
- "농촌 노인의 삶의 질에 영향을 미치는 요인"
- "근로여건이 요양보호사의 직무만족에 미치는 영향"
- "장기요양보험 등급외자 노인의 우울 유발 요인"
- "인구 고령화의 여파 : 베르베르의 〈황혼의 반란〉을 중심으로"
- "노년기의 취약에 대한 보호 요인으로서의 사회적 지지와 자기효능감 : 헤밍웨이의 『노인과 바다』를 중심으로"
- "문학을 통한 사회문제 이해(3) : 팀 보울러의 『리버보이』에 나타난 세대 연속적 인식"

〈복지 관련 사진전〉

- 노인의 상실·교류·활동을 담은 사진 이야기: 노병일 사진전(개인, 2023년)
- 새로운 복지시선: 삶과 휴(休) 사진전(단체, 2024년)
- 대전 사회복지사들의 행복스케치 사진전(단체, 2024년)

노을빛 인생, 문학으로 다시 피어나다

- 세 편의 세계문학이 들려주는 노년기의 삶과 회복 -

|저자| 노병일

|1판 1쇄| 발행 2025년 11월 28일

|발행인| 김동훈
|발행처| 공동체

|주소| 경기도 고양시 일산동구 호수로 358-39, 동문타워 I 905호(백석동)
|전화| 031) 814-3000(대표)
|팩스| 031) 814-3100
|홈페이지| http://www.compub.co.kr
|전자우편| compub@naver.com
|출판등록| 2005년 10월 6일
|등록번호| 제396-2005-36호

|ISBN| 979-11-7554-048-4
정가 14,000원